DISSERTATION

SUR LES DIFFÉRENTES

MÉTODES

D'ACCOMPAGNEMENT

POUR LE CLAVECIN, ou POUR L'ORGUE;

AVEC LE PLAN

D'une nouvelle Métode, établie sur une Méchanique des Doigts, que fournit la succession fondamentale de l'Harmonie :

ET A L'AIDE DE LAQUELLE

On peut devenir sçavant Compositeur, & habile Accompagnateur, même sans sçavoir lire la Musique.

Par Monsieur RAMEAU.

Le prix est de Trois livres.

A PARIS,

Chez Le Sieur BOIVIN, à la Régle d'or, ruë Saint Honoré.
     Le Sieur LE CLAIR, à la Croix d'or, ruë du Roule.

M. DCC. XXXII.

Avec Approbation, & Privilege du Roy.

PRIVILEGE

DU ROY.

L OUIS, PAR LA GRACE DE DIEU, Roy de France et de Navarre : A nos amez & feaux, Conseillers, les Gens tenans nos Cours de Parlement, Maîtres des Requêtes ordinaires de notre Hôtel, Grand Conseil, Prévôt de Paris, Baillifs, Sénéchaux, leurs Lieutenans Civils, & autres nos Justiciers qu'il appartiendra, SALUT: Notre bien Amé le Sieur RAMEAU, Nous ayant fait supplier de lui accorder nos Lettres de Permission pour l'impression d'un Ouvrage qui a pour Titre : *Dissertation sur les différentes Métodes d'Accompagnement pour le Clavecin, & pour l'Orgue*, offrant pour cet effet de le faire imprimer en bon papier & beaux Caractéres, suivant la Feüille imprimée & attachée pour modéle sous le contrescel des Presentes Nous lui avons permis & permettons par ses Presentes de faire imprimer ledit Livre cy-dessus specifié en un ou plusieurs volumes, conjointement ou séparément, & autant de fois que bon lui semblera ; & de le vendre, faire vendre & débiter par tout notre Royaume, pendant le temps de trois années consécutives, à compter du jour de la datte desdites Presentes. Faisons défenses à tous Imprimeurs, Libraires, & autres Personnes de quelque qualité & condition qu'elles soient, d'en introduire d'impression étrangère dans aucun lieu de notre obéïssance : A la charge que ces Presentes seront enregistrées tout au long sur le Registre de la Communauté des Imprimeurs & Libraires de Paris, dans trois mois de la datte d'icelles. Que l'impression de ce Livre sera faite dans notre Royaume & non ailleurs ; & que l'Impetrant se conformera en tout aux Reglemens de la Librairie, & notamment à celui du 10 Avril 1725. Et qu'avant que de l'exposer en vente, le Manuscrit ou Imprimé qui aura servi de copie à l'impression dudit Livre, sera remis dans le même état où l'Approbation y aura été donnée, ès mains de notre très-cher & féal Chevalier, Garde des Sceaux de France, le Sieur CHAUVELIN, & qu'il en sera ensuite remis deux Exemplaires dans notre Bibliotheque Publique, un dans celle de notre Château du Louvre, & un dans celle de notredit très-cher & féal Chevalier Garde des Sceaux de France, le Sieur Chauvelin ; le tout à peine de nullité des Presentes, du contenu desquelles vous mandons & enjoignons de faire joüir l'Exposant ou ses ayans cause, pleinement & paisiblement, sans souffrir qu'il leur soit fait aucun trouble ou empêchement. Voulons qu'à la Copie desdites Presentes, qui sera imprimée tout au long, au commencement ou à la fin dudit Livre, foi soit ajoûtée comme à l'Original. Commandons au premier notre Huissier ou Sergent de faire pour l'exécution d'icelles, tous Actes requis & nécessaires, sans demander autre permission, & nonobstant Clameur de Haro, Charte-Normande & Lettres à ce contraires. CAR TEL EST NOTRE PLAISIR. Donné à Paris le neuviéme jour de Novembre l'An de Grace 1731. & de notre Regne le seiziéme.

Par le Roy en son Conseil. *Signé*, SAINSON.

Registré sur le Registre VIII. de la Chambre, Royale & Syndicale de l'Imprimerie & de la Librairie de Paris, N°. 248. Fol. 235. conformément au Réglement de 1723. qui fait défenses art. IV. à toutes Personnes de quelque qualité qu'elles soient, autres que les Imprimeurs & Libraires, de vendre, debiter, faire afficher aucuns Livres pour les vendre en leurs noms, soit qu'ils s'en disent les Auteurs ou autrement, & à la charge de fournir les exemplaires prescrits par l'Article CVIII. du même Reglement. A Paris le 15. Novembre 1731.

Signé, P. A. LE MERCIER, Syndic.

DISSERTATION

DISSERTATION

SUR LES DIFFERENTES MÉTODES

D'ACCOMPAGNEMENT

POUR LE CLAVECIN, OU POUR L'ORGUE,

AVEC LE PLAN

D'une nouvelle Métode sur le même sujet.

Quelque degré que le génie des Hommes ait porté la connoissance & l'usage de l'Harmonie, on n'en a point cependant encore assez nettement, ni assez solidement développé les Principes & les Combinaisons: Cette science a ses mistéres, comme toutes les autres; on s'égare aisément dans ses routes, & si quelques-uns y marchent avec succés, ce n'est presqu'encore qu'en aveugles, ou du moins sans les connoître suffisament.

Parmi toutes les Recherches & les Etudes que j'ai faites, pour parvenir à donner des Regles certaines & invariables dans la Musique spéculative & pratique, je n'ai rien trouvé de plus simple, de plus clair, ni de plus sensible que ce que nous offre l'arrangement méchanique des Doitgs dans l'Accompagnement du Clavecin ou de l'Orgue: Il est surprenant que dans un Art aussi pratique que celui-ci, on n'ait pas, d'un côté, déterminément

A

reconnu qu'il renferme tout le fond & tout l'enchaînement de l'Harmonie la plus éxacte, & la plus complette, & que de l'autre, on ait négligé d'en écarter les difficultez.

Il s'agit donc d'éxaminer d'abord, dans cette Dissertation, quelles sont les Causes, qui, dans l'Accompagnement, retardent l'avancement des Eleves, & embarrassent souvent les Maîtres mêmes; pour proposer ensuite au Public, dans le Plan d'une Métode nouvelle sur ce sujet, les moyens d'en fixer la Théorie, & d'en faciliter l'éxécution.

Or je trouve que les inconveniens qui rendent l'Accompagnement épineux, viennent de deux sources; Sçavoir:

1°. La maniere de chiffrer les Basses.

2°. Les Regles, & les Métodes qui nous ont été données jusqu'ici.

Je dis, en premier lieu, que les Signes dont on se sert pour chiffrer les Basses, sont non-seulement en trop grand nombre, mais qu'ils sont encore pleins de confusion, d'équivoques, & de contradictions: Il faut le prouver.

Quoi-qu'il n'y ait qu'un seul *Accord consonant*, on l'a cependant toûjours distingué en trois; Sçavoir, en *Accord parfait*, ou *Naturel*, en *Accord de Sixte*, & en *Accord de Sixte-Quarte*, sans parler d'un Accord de *Sixte doublée*, que quelques-uns en distinguent encore, quoi-qu'il soit toûjours le même: Et pour indiquer à l'Accompagnateur lequel de ces Accords il doit pratiquer; On s'est toûjours servi de cinq Signes, ou Chiffres différens; Sçavoir, d'un 8, d'un 5, d'un 3, d'un 6, & d'un 4; outre qu'il est encore décidé que, par tout où il n'y a point de Chiffres, l'*Accord parfait* est supposé.

Quoi-qu'il n'y ait, non plus, qu'un seul *Accord dissonant*, on l'a cependant toûjours distingué en plusieurs; de sorte qu'à mesure que l'experience en a fait sentir les différentes combinaisons, & les différens rapports relativement à différentes Notes d'une Basse arbitraire, on en a fait autant d'Accords différens; tellement qu'on le distingue aujourd'hui en vingt-deux; & l'on a plus de quarante Signes différens pour les indiquer, selon les Colonnes relatives ci-jointes.

Sans m'arrêter à critiquer ici la plûpart des dénominations impropres qui sont attribuées mal-à-propos aux différens Accords, & qui effectivement augmentent le nombre, auquel l'usage a fixé ces Accords; il suffit de faire remarquer à présent les ambiguitez, & les autres deffauts, qui se rencontrent

A

dans les Signes qui les indiquent.

Si la *Septiéme*, dite, *Majeure*, se chiffre d'un 7 Diézé ou barré ; la *Superflüe* ne se chiffre pas autrement : Or qu'est-ce qui m'avertit dans ce Signe que l'une des *Septiémes* doit être accompagnée de la *Tierce*, & de la *Quinte*, de même que toute *Septiéme* naturelle dans le *Ton* ; & que l'autre doit être accompagnée, au contraire, de la *Seconde*, de la *Quarte*, & de la *Quinte* ? Je dis *Seconde*, & *Quarte*, pour suivre l'usage ; car c'est pour lors *Neuviéme*, & *Onziéme* : Il est rare qu'on associe, en ce cas, le **2**, le **4**, & le **5**, au **7**, comme on le voit dans la colonne des *Chiffres* : L'équivoque y est donc manifeste.

Par la même raison, si l'on veut changer une *Quinte* naturellement *fausse*, en une *Quinte juste* ; celle, par éxemple, de *Si* à *Fa* dans le *Ton Majeur* d'*Ut* ; par quel Signe indique-t'on ce changement ? n'est-ce pas en associant un *Diéze* au **5** ? Mais comment distinguer pour lors cette *Quinte juste* de la *Superflüe*, qu'on ne chiffre pas autrement ? ainsi de la *Sixte majeure*, & de la *Superflüe*, de la *Seconde*, dite, *Majeure*, & de la *Superflüe* ; ainsi, en un mot, de tout autre intervalle susceptible de la même différence.

A ces équivoques se joignent les contradictions suivantes.

Si l'on barre généralement le **2**, le **4**, & le **6**, pour y tenir lieu du *Diéze* ; on barre au contraire le **5**, pour y tenir lieu du *Bémol* ; & si la plûpart barrent le **7**, pour y tenir lieu du *Bémol*, d'autres au contraire le barrent, pour y tenir lieu du *Diéze* ; tant nos *Compositeurs* font peu d'accord sur leur maniere de chiffrer.

Le **6**, seul adopté pour indiquer l'*Accord consonant* de *Sixte*, est également employé seul en beaucoup d'endroits, pour indiquer & l'*Accord consonant* de *Sixte-Quarte*, & les *Dissonans* de *Sixte-Quinte*, de *Petite Sixte*, même quelques fois de *Seconde* : Preuve que la science n'est pas toûjours d'accord avec l'Oreille de ceux qui se conduisent de la sorte.

Si l'on ne parle en aucun endroit des Accords de *Septiéme* & *Sixte*, de *Septiéme* & *Seconde*, non plus que de *Sixte mineure* avec la *Tierce majeure* ; plusieurs Compositeurs nous avertissent cependant par leurs Chiffres que ces Accords éxistent : mais sans nous avertir, en même temps, que les deux premiers ne se font que sur des Notes de goût, qui supposent celles qui les précedent, ou qui les suivent, & que dans le dernier la *Tierce majeure* suspend sa marche naturelle, souvent même sans nécef-

fité ; ils nous laiſſent dans l'erreur , & nous obligent , parlà , de
donner la torture à notre eſprit , pour trouver des conſtructions d'Accords dont on n'a jamais oüi parler , & auſquelles
ne répond aucune des conſtructions connües.

Mais paſſons tous ces deffauts , & voyons feulement ce qui
réſulte du Chiffre par lui-même.

Quand vous êtes inſtruit de tous les Accords que je viens
d'expoſer , & quand vous ſçavez que tel Chiffre indique tel
Accord ; vous devez toujours ſous entendre avec l'intervale dé-
ſigné par ce Chiffre , deux ou trois autres intervales qui n'y
ſont preſque jamais exprimez ; & autant d'Accords , autant de
différens intervales à y ſous-entendre : Ici c'eſt la *Tierce* , & la
Quarte ; là c'eſt la *Tierce* , & la *Quinte* ; là c'eſt la *Seconde* , la
Quarte , & la *Quinte* , ainſi du reſte : Ici la *Tierce* doit être *Majeure* , là *Mineure* ; ici la *Seconde* , & la *Quarte* , ou bien l'une des
deux feulement doit être *Superflüe* ; là elle ne le doit point être ,
même accident quelques fois à la *Quinte* , ainſi du reſte : Or ,
concevez , je vous prie , juſqu'où s'étend ce détail ? Si , d'un autre côté , tous les intervales ſont déſignez par pluſieurs Chiffres
enſemble , on n'en eſt que plus embarraſſé : Plus les objets ſont
multipliez , plus il en coute pour les raſſembler dans ſon imagi-
nation , & plus l'éxécution en eſt par conſéquent retardée : Mais
ce n'eſt encore rien ; il faut pouvoir pratiquer tous ces Accords
dans le même moment qu'on en reçoit l'idée par le Chiffre ; il
y a , pour cela , un Ordre à obſerver dans les Doigts , & ſur-tout
une connoiſſance bien diſtincte à avoir du Clavier : Il faut y
reconnoître tous les intervales , tant *juſtes* , *Majeurs* , & *Mineurs* , que *Superflus* , & *Diminuez* , relativement à chaque Touche ; & chacune de ces Touches doit y être connuë ſous deux
noms différens ; *Ut* , par éxemple , ſous le nom de *Si Diéze* ;
Mi Bémol , ſous le nom de *Ré Diéze* , &c. Raſſemblez toutes
ces opérations dans votre eſprit , & tâchez de vous imaginer
quand eſt-ce qu'elles pourront ſe réünir dans une prompte éxécution ? Ne croyez pas , au reſte , que ce ſoit làtout ; il vous
manque encore bien des choſes , & bien plus eſſentielles que celles
que vous poſſédez déja : Toute votre ſcience eſt encore inutile , ſi
vous ne connoiſſez le *Ton* , le moment préciſ où il change , le
nombre des *Diézes* , ou des *Bémols* qu'il contient , pour ſçavoir
les employer à propos dans chaque Accord , & quelle doit être
la ſucceſſion de ces Accords relativement à celui-ci , ou à celui-là ; bien entendu que tout cela doit encore paſſer dans les

Doigts, de maniere que l'éxécution n'en soit jamais retardée par la réflexion qu'éxige tant de différentes opérations de l'esprit.

On ne peut donc disconvenir que la maniere dont on chiffre aujourd'hui les Basses, ne soit extrêmement compliquée; ce qui doit faire excuser ceux qui s'y trompent quelquesfois, non seulement lorsqu'ils éxecutent l'Ouvrage des autres, mais encore lorsqu'ils chiffrent eux-mêmes leurs propres Basses: Aussi les Maîtres, pour guider, s'il étoit possible, l'Accompagnateur dans des routes si obscurément & si confusément désignées, s'efforcent-ils, mais toûjours en vain, de suppléer au deffaut des Chiffres par des regles & des Métodes d'Accompagnement qui, comme je vais le prouver en second lieu, sont plus propres à y répandre les ténebres, que la lumiére.

Que trouve-t-on, en effet, dans ces Métodes, si-non un amas prodigieux & confus de Regles pleines d'exceptions, qui même ne sçauroient suffire, à beaucoup prés, à donner une démonstration sensible & complette de la succession des Accords, dont se forment l'enchaînement & le progrés fondamental de l'Harmonie? Outre que ces Regles ne parlent qu'à l'esprit, & ne sçauroient guider l'Accompagnateur dans ses incertitudes, indépendamment du raisonnement & de l'Oreille: Avantage que procure parfaitement la nouvelle Métode que je propose à la suite de ce second Chef, qu'il faut éxaminer.

Je dis que nous n'avons point encore de Métodes qui nous éclairent suffisament sur la succession des Accords, & qui nous mettent en état de l'éxécuter promtement: & sans hésiter, je m'en tiens à la discussion des Ouvrages que nous avons de M. Delaire sur ce sujet; attendu que de tous les Auteurs qui ont entrepris de nous donner des Régles d'Accompagnement, il n'y en a point qui semble mériter plus d'égard que celui-ci.

M. Delaire, dans son Traité d'Accompagnement gravé en 1700. détermine la succession des Accords sur celle de la Basse: Idée tres-bien conçûë, & à laquelle il ne manque que ce qui auroit pû la rendre digne d'attention.

Cet Auteur, en déterminant ainsi la succession des Accords sur celle de la Basse, ne dit point en quel *Ton* est cette Basse, ni par conséquent quel rang y occupent les Notes qu'il y donne pour régle: De sorte que, outre le détail immense où il descend, outre les exceptions qui y fourmillent, il ne dit rien de positif sur quoi l'on puisse tabler; & avec cela, il n'y a pas une régle de fucceſſion ; où il n'oublie une bonne partie de ce qui doit y entrer. Par éxemple : *Quand la Baſſe monte d'un Sémiton*, dit-il pag. 33. *& que l'on ne fait pas la Sexte ſur la ſeconde Note, on fait la Tierce & la Sexte mineures ſur la premiere Note, & l'on paſſe la fauſſe Quinte ſur la derniere partie de ladite Note; ou l'on fait le tout enſemble, quand la Note qui fait fauſſe Quinte a été ſonnée ſur la précédente, ou ſi le mouvement eſt leger. Lorſqu'on fait la Sexte ſur la ſeconde Note, il faut faire la Sexte majeure ſur la premiere; pourvû que la ſeconde Note ne gagne point une Cadence, car pour lors il faudroit faire la Sexte mineure ſur la premiere. On ne laiſſe pas de faire la Sexte ſur la premiere Note dudit intervale, quoi-que la ſeconde Note ne porte pas.* Voyez les autres Articles, vous en trouverez qui ſouffrent encore plus d'exceptions, ſans que pour cela, elles y ſoient toutes ſpécifiées.

Examinons d'abord le fruit qu'on peut tirer de cet article, avant que de voir ce qui y manque.

Déja l'Accord de la premiere Note n'eſt déterminé, qu'au cas que celui de la deuxiéme ſoit connu : Or rien ne le fait connoître dans les régles données : & quels détours ne faut-il pas prendre, d'ailleurs, pour juger de l'Accord de cette premiere Note ? Il faut ſçavoir d'abord ſi la deuxiéme porte la *Sixte*, ou non ; mais quel eſt l'autre Accord, au lieu de la *Sixte* ? Il faut prévoir ſi la deuxiéme ne gagne point une *Cadence*, ou ſi elle porte Harmonie ; comment cela ſe devine-t-il ? il faut enfin remarquer ſi la Note qui doit faire la *Fauſſe Quinte* a ſervi auparavant, il faut avoir égard à la difference des mouvemens : mais ſi je ne connois pas le *Ton*, ni le rang qu'y occupent les Notes dans la marche preſcrite, quel fruit tirerai-je de cette régle ?

Dans le *Ton Majeur*, par éxemple, c'eſt le troiſiéme & le ſeptiéme degrez qui montent d'un *Demi-ton*, ou *Sémi-ton* ; l'un, ſous le nom de *Médiante*, y portant pour lors la *Sixte mineure*, ſans que la *Fauſſe Quinte* puiſſe jamais y être jointe ; & l'autre, ſous le nom de *Note ſenſible*, y portant pour lors la *Sixte mineure* & la *Fauſſe Quinte*, ſans être obligé de remarquer ſi celle-ci a ſervi auparavant, ou non.

Dans le *Ton Mineur*, c'eſt toûjours le ſeptiéme degré qui monte d'un *Demi-ton*, & qui y porte l'Accord qui vient de lui être aſſigné ; mais ce n'eſt plus le troiſiéme, c'eſt au contraire le deuxiéme & le cinquiéme qui y montent de même ; l'un de ces deux derniers, ſous le nom de *Suſinale*, ou *Sutonique*, y portant ou l'*Accord* de *Septiéme*, ou l'*Accord* de *Petite Sixte* ; & l'autre, fous le nom de *Dominante*, y portant ou l'*Accord* de *Septiéme*, ou celui de *Sixte-Quarte* ; le tout au gré du Compofiteur ; fans qu'il foit difficile d'en juger, quand on fçait une fois en quoi confifte la fucceffion de l'Harmonie, & où tend fa fin.

D'un autre côté, fi le *Ton* change, le premier, le troifiéme, le quatriéme, le cinquiéme, le fixiéme & le feptiéme degrez peuvent monter chacun d'un *Demi-ton*, aprés avoir porté des Accords différens de ceux qui viennent d'être énoncez ; le premier, par éxemple, fous le nom de *Finale*, ou *Tonique*, montera d'un *Demi-ton* aprés avoir porté l'*Accord parfait* ; le troifiéme, fous le nom de *Médiante d'un Ton Mineur*, montera d'un *Demi-ton*, aprés avoir porté la *Sixte majeure* ; le quatriéme, fous le nom de *Sous Dominante*, montera d'un *Demi-ton*, aprés avoir porté ou l'Accord de *Sixte-Quinte*, ou celui de *Neuviéme* ; le cinquiéme, fous le nom de *Dominante*, montera d'un *Demi-ton*, aprés avoir porté ou l'*Accord* de *Septiéme*, ou celui de *Quarte* ; le fixiéme, fous le nom de *Sudominante d'un Ton Mineur*, montera d'un *Demi-ton*, aprés avoir porté l'*Accord* de *feptiéme* ; & le feptiéme enfin, fous le nom de *Sou-Tonique d'un Ton Mineur*, montera d'un *Demi-ton*, aprés avoir porté l'*Accord parfait* ; étant à remarquer, cependant, que pour lors ce feptiéme degré n'eft plus tel, & qu'il devient *Tonique* par l'accident du *Chromatique* ; accident qui peut même fournir d'autres Accords que ceux que je viens d'appliquer à tous les degrez précédens dans le cas prefent.

Que d'exceptions à ce feul Article de M. Delaire : mais ne croyons pas que quand le tout y feroit auffi-bien fpécifié qu'il le pourroit être, il en réfultât des inftructions fuffifantes pour bien Accompagner : penfer au *Ton*, au rang qu'y occupent les Notes de la Baffe, & à leurs Accords arbitraires, fondez fur ceux qui viennent à leur fuite, & que fouvent on ne connoît pas ; voilà trop d'opérations à la fois : Que font les Doigts pendant ce temps-là ?

Nous avons cependant obligation à cet Auteur de fes recherches, on n'avoit pas encore été fi avant jufqu'à lui, & l'on n'a pû qu'en profiter ; auffi la *Regle de l'Octave*, Regle prefque généralement reçûë, Regle qu'il a enfin adoptée, en l'inférant dans fon Traité il y a fept ou huit ans, n'a-t-elle pris racine en France qu'après l'Edition de ce Traité : M. Campion eft le premier qui en ait favorifé le Public ; d'autres ont enfuite enchéri fur lui, & cela jufqu'à mon Traité de l'Harmonie, où j'ai tâché de préparer les

Curieux sur mes nouvelles idées, que je n'osai pour lors développer entierement, à cause de la nécessité où je me voyois réduit d'abolir les signes en usage, pour leur en substituer de plus lumineux. Assûré que l'expérience faisoit plus d'impression sur les esprits en général, que tous les principes les mieux fondez, j'ai crû devoir commencer par là. Plusieurs peuvent rendre compte aujourd'hui, & par leur raisonnement, & par leur pratique, du fruit qu'on doit attendre de ma nouvelle Métode dans l'Accompagnement, dans la Composition, & dans le Prélude; ce qui ne peut qu'ajoûter beaucoup aux véritez qu'on y découvrira.

Quoique M. Delaire ne soit point Auteur de la *Regle de l'Octave*, il suffit qu'elle se trouve dans ses Ouvrages, pour qu'on s'apperçoive que j'ai eû dessein de l'embrasser dans la discussion à laquelle je m'en suis tenu : ainsi passons à l'éxamen de cette derniere Regle.

C'est effectivement dans cette *Regle de l'Octave* que les Accords sont déterminez relativement au rang qu'occupent les Notes de la Basse dans un *Ton* donné : mais outre que ces Accords n'y sont généralement déterminez que dans un ordre *Diatonique*, attendu qu'il y a d'autres ordres sur lesquels cette Regle garde presque par tout le silence, sçavoir, le *Consonant*, le *Chromatique*, & l'*Enharmonique*; c'est que tous les Accords possibles dans cet ordre *Diatonique* n'y sont pas spécifiez; c'est en un mot, que quand rien n'y manqueroit de ce côté-là, le principal y manque; sçavoir, le moyen de reconnoître le *Ton*, sur tout le moment précis où il change, & cela dans une promtitude proportionnée à celle qu'éxige l'éxécution : car que sert de sçavoir qu'il faut faire tel Accord sur tel degré du *Ton*, si ce *Ton* peut n'être pas toûjours connu ? D'ailleurs, que d'Opérations cette Regle n'éxige-t-elle pas, & comment peut-on y suffire ? Quoi, à chaque Note, à chaque Accord, il faudra s'assurer du *Ton*, du rang qu'y occupe cette Note, & de l'Accord qu'elle doit porter ? Que feront les Doigts pendant ce temps-là, je le répete encore; n'ont-ils pas, de leur côté, leurs opérations à faire? à peine est-on arrivé à un Accord qu'un autre se présente; le moment où l'on y voudroit penser, est justement celui où il faut l'éxécuter : Ne croyez pas que si l'on y rencontre juste quelques-fois, ou par le secours de l'Oreille, ou par celui de la Partition, ou par la facilité qu'on a de lire dans un instant une ligne de Musique, ou par certaines Regles le plus souvent équivoques, cela soit un moyen infaillible de ne s'y tromper jamais; j'en prends à té-

moins

moins les plus habiles : sçavoir ce qu'il faut faire, & l'exécuter dans un certain moment donné, où l'on n'a pas le tems d'y réfléchir, ce sont deux choses bien différentes.

Si vous attendez, pour bien Accompagner, que votre Oreille soit absolument formée ; que vous sçachiez lire la Musique très-rapidement ; que vous puissiez jetter les yeux sur plusieurs parties à la fois, pour juger par la Partition de l'Accord que vous avez à pratiquer, sans que cela donne la moindre atteinte à la promtitude necessaire de l'éxécution, & que vous soyez en état de ne point confondre les différentes regles applicables à tous les différens cas qui se présentent d'un moment à l'autre ; j'admire votre patience : le tems, & l'application peuvent beaucoup, à la vérité : Mais êtes-vous bien résigné à travailler assiduëment pendant dix ou douze années, comme ont été obligez de le faire jusqu'ici tous ceux qui réüssissent en peu dans l'Art dont il s'agit ?

Tous ces moyens que je viens d'alléguer ne sont pas, d'ailleurs, suffisans pour bien Accompagner : sans une habitude contractée par les Doigts ; habitude necessairement fondée sur la construction & sur la succession obligée de la plus parfaite Harmonie ; toute votre science, tous vos talens sont superflus : A quoi servent donc des regles qui, loin de procurer ces habitudes, en arrêtent à tout moment le cours ? C'est aux Doigts, & à l'Oreille qu'il faut parler ici ; & ce dont on y occupe l'esprit, doit être de telle trempe, qu'il puisse insensiblement se communiquer à ces principaux agens ; de maniere que la conception, le jugement, le sentiment, & l'exécution ne fassent plus qu'un tout indépendant, en apparence, l'un de l'autre.

Les Maîtres les plus zelez à bien remplir leur devoir, sentant mieux que qui que ce soit le défaut de leurs regles, enseignent ordinairement de quelles consonances se *Préparent*, & se *Sauvent*, c'est-à-dire, sont précédées & suivies toutes les Dissonances : Prodigieux détail, dont celui de ces Dissonances fait assez appercevoir : D'autres enseignent totalement la Composition, ou conseillent de l'apprendre avant l'Accompagnement ; comme si cet Accompagnement n'étoit pas la Composition même, aux talens près, qu'il faut joindre à l'un pour faire usage de l'autre ; encore n'acquiert-on promtement la sensibilité de l'Oreille à l'Harmonie, principal de tous les talens pour la Composition, que par le secours de l'Accompagnement : Preuve que cet Art doit être le premier en datte, pour qui veut devenir

B

Muſicien. Souvent celui qui croit voir le mieux, eſt le plus aveu-
glé, dès qu'il s'en tient à l'uſage, ſans examiner s'il eſt bien ou
mal fondé.

Remarquons bien, au reſte, que toutes ces Régles qu'on enſei-
gne, ſoit ſur la marche de la Baſſe, ſoit ſur celle de l'*Octave* d'un
Ton donné, ſoit ſur la maniere de *Préparer* & de *Sauver* les Diſſonances, ſoit ſur la Compoſition en général, ne concourent
qu'à faire connoître la ſucceſſion d'un ſeul Accord à un autre:
De ſorte qu'à chaque Accord, toûjours nouvel objet, toûjours
nouveau ſujet de réflexion; car même détail de tous côtez: Or
quelle confuſion pour l'eſprit, quand eſt-ce qu'on peut s'aſſurer
d'y voir regner l'ordre, quand eſt-ce que cet ordre paſſera dans
les Doigts.?

Lorſque l'Oreille attend tout de l'exécution pour ſe former à
l'Harmonie, on tient cette exécution en arrêt, les Doigts n'y
marchent pendant long-tems qu'à tâton; & n'y font pas un pas
ſans l'ordre du jugement: cependant toutes les fonctions de l'eſprit ſont autant d'obſtacles à celles de nos ſens; fixez les yeux
ſur un objet, & penſez à un autre, vous ne pouvez pour lors
vous rendre compte de ce qu'ils apperçoivent: Rêvez pendant
qu'on vous parle, vous entendez les mots, ſans en diſtinguer le
ſens. Par la même raiſon, penſez au *Ton*, au rang qu'y occupe
une Note de la Baſſe, à l'Accord que cette Note doit porter, à
la Conſtruction de cet Accord, à ce qui doit le précéder & le
ſuivre, & à la maniere de l'exécuter; ne penſez même qu'à l'une
de ces choſes, vos Doigts ſont retenus, & votre Oreille n'en ſent
plus l'effet de maniere à pouvoir vous en rendre compte: cela
ne ſouffre aucune difficulté, & ce n'eſt que lorſque la machine
marche comme d'elle-même, lorſque nos ſens ne ſont diſtraits
par aucune opération de l'eſprit, que nous ſommes en état de
nous rendre compte des impreſſions qu'ils reçoivent: vérité qui
ſe reconnoît principalement, lorſqu'il s'agit de joindre la Meſure à un Air; cette Meſure vous eſt naturelle, vous pouvez
l'éprouver indépendamment de l'Air; mais l'attention que vous
êtes obligez de donner à la Muſique, vous en diſtrait; ſur quoi
vous attribuez ſouvent à votre Oreille un deffaut qui ne vient
que de ce qui vous diſtrait de ſes Fonctions naturelles.

Nous faiſons pratiquer, direz-vous, tout ce que nous enſei-
gnons, juſqu'à ce que les Doigts en ſoient, pour ainſi dire, les
maîtres: mais remarquez-vous bien que ſi, de tout ce que vous
faites pratiquer, la *Régle de l'Octave* eſt celle où il y a le plus

d'ordre, & où l'Oreille puisse mieux trouver son compte, cette Régle est cependant trompeuse ; qu'elle accoûtume l'Oreille à des routes qui ne sont point générales, & qu'elle accoûtume même les Doigts à n'en pouvoir suivre d'autres, sans le secours de la réfléxion : tous ceux qui sortent de vos mains me seront témoins qu'ils sont plus en habitude de faire la *Petite Sixte* sur le deuxiéme degré du *Ton*, que pas un autre Accord ; cependant on y peut faire aussi l'Accord de *Septiéme*, ou celui de *Neuviéme* & *Quarte* ; chacun de ces Accords ayant sa succession particuliere, & le tout devant être également familier aux Doigts & à l'Oreille ; ainsi des autres degrez du *Ton*, à chacun desquels vous n'appliquez qu'un Accord par prédilection, lorsqu'il peut s'y en trouver un ou deux autres, qui doivent être également familiers : Il n'y a point ici d'excuse recevable ; parce que tout ce qui doit être également familier, doit être présenté dans le même tems, & avec la même simplicité ; dès que cela se peut ; sans y mettre de la différence, qui entraîne avec elle la réfléxion, & qui par conséquent est capable de faire manquer le moment précis de l'exécution.

Quand même votre but seroit de rendre le tout également familier aux Doigts & à l'Oreille, vous tombez dans un nouvel inconvenient, qui doit nécessairement en retarder l'effet. Vous retranchez de presque tous les Accords Dissonans un son, une Note, qui les différentie, & pour l'esprit, & pour les Doigts, & & pour l'Oreille ; lorsqu'avec cette Note ce n'est plus qu'un même Accord. Enfin d'un seul Accord vous en faites jusqu'à sept, les voicy :

DISSERTATION.

ACCORDS.

De Septiéme.	De Fausse-Quinte.	De Petite-Sixte.	De Triton.
Fa	Fa	Fa	Ré
Accords Ré	Ré	Si	Si
Si	Sol	Sol	Sol
Basses - Sol	Si	Ré	Fa

De Septiéme superflüe.	De Neuviéme.	De Quinte superflüe.
Fa	Fa	Fa
Accords Ré	Ré	Ré
Si	Si	Si
Sol	Sol	Sol
Basses - Ut	Mi	Mi *Bémol.*

Retranchez la Basse des trois derniers Accords, vous trouverez par tout *Sol Si Ré Fa* ; car il ne tient qu'à vous d'employer
ces quatre mêmes Notes dans chacun des quatre premiers Accords : Ce n'est donc partout qu'un même Accord, où la Basse
peut toûjours être regardée comme un hors d'œuvre, attendu
les suppositions qu'elle y peut souffrir, comme dans les trois
derniers : suppositions qui ne changent rien dans la construction
de l'Accord pour la Main qui l'éxécute, ni dans sa succession,
tant pour ce qui le précéde, que pour ce qui le suit.

Quoique les trois derniers Accords soient en même construction, vous les différentiez cependant par les différens noms que
vous leur donnez, relativement aux différentes Notes de la
Basse ausquelles ils peuvent être appliquez : l'Accord de la *Septiéme superflüe*, paroît tout différent de celui de la *Neuviéme* à
quiconque se guide par vos régles ; il cherche, d'un coté, la *Septiéme* ; & son accompagnement ; de l'autre, il cherche la *Neuviéme* & son accompagnement ; enfin ces sept Accords ; qui ne
sont qu'un même Accord, sont cependant tous différens pour
lui : D'ailleurs vous y mettez encore des exceptions ; tantôt
vous donnez les quatre Notes à quelques-uns des quatre premiers Accords, tantôt vous en retranchez dans les trois derniers,

Qui plus est, de chacun de ces sept Accords, vous en faites du moins trois pour les Doigts, tantôt ils s'y arrangent de cette sorte Ré, tantôt de cette forte Si, & tantôt de celle-ci Fa ; car si nous prenions l'Accord complet *Sol Si Ré Fa*, nous y trouverions quatre ordres differens, ce que les Organistes appellent *Faces*.

Vous me reprocherez, sans doute, que je suis dans le même cas : mais quand vous verrez les moyens dont je me sers pour rendre toutes les Faces également familiéres, moyens qui ne peuvent influer sur un Accord dont on retranche quelques Notes, vous sentirez que ce reproche ne peut tomber sur ma Métode.

Une preuve que ces différentes Faces d'un même Accord, occupent presqu'autant que si c'étoit des Accords différens, c'est qu'il n'y a presque point d'Accompagnateur, quelque routiné qu'il soit, qui n'ait une de ces Faces plus familiére que les autres, sous les Doigts : d'où l'on en voit qui dérangent à tout moment leurs Mains, & qui par conséquent n'observent pour lors aucune succession légitime entre les Consonances & les Dissonances ; d'autres sont obligez de faire la Pagode en quittant la vûë de dessus le livre, pour chercher sur le Clavier la Face qui leur y est la plus familiére ; d'autres manquent absolument l'Accord ; d'autres, enfin, plus routinez y suppléent par quelques fredons ; par un Chant hors d'œuvre, par une roulade, ou par quelque chose de semblable ; surquoi on les admire le plus souvent, lorsqu'ils sont le plus à condamner.

Ce n'est pas le tout, à chaque Face d'un même Accord, la marche des Doigts est différente, soit pour y arriver, soit pour passer à un nouvel Accord ; desorte que, supposé qu'un même Accord puisse être suivi de cinq Accords différens ; comme je l'exposerai dans le Plan de ma Métode ; ces cinq successions possibles se multiplient pour lors jusqu'à soixante & quinze, & par la distinction d'un Accord en cinq seulement, & par les trois Faces dont chacun de ces cinq Accords est susceptible ; car cinq fois cinq, font 25, & trois fois 25, font 75.

Comment voulez-vous, pour lors, que l'Oreille s'accoutume promtement aux différentes successions de l'Harmonie ; lorsqu'au lieu de cinq, vous lui en présentez 75 ? si elle peut en démêler à la fin le cahos, ce ne sera toujours que par un sentiment occulte, qui ne se communiquera point à l'esprit ; desorte que vous y serez toujours embarrassé dans l'éxécution, du moins quelquesfois : car l'Oreille seule ne suffit pas pour faire marcher les Doigts aussi promtement que l'éxécution de l'Accompagnement le demande.

Ce que j'avance à l'égard du sentiment occulte de l'Oreille n'est pas sans preuve : car d'où vient que jusqu'au Traité de l'Harmonie, on ne sçavoit pas qu'un certain nombre d'Accords pouvoit se réunir en un seul, ni qu'un certain nombre de Successions pouvoit se réunir en une seule. Comment est-ce que l'Oreille a-pû si long-tems nous laisser dans l'erreur : sans doute que nous y avons toujours pris les choses pour ce qu'on les lui a présentées.

Voyez sur ce sujet tous les Traitez de Musique.
Voyez les Basses chiffrées.

Quel est votre but, quand vous retranchez ainsi une Note des Accords : quoi, le goût, la crainte de faire deux octaves de suite : vous préférez donc à la fleur au fruit : ne vous abusez pas, cette fleur est passagere, le vent l'emporte, & le fruit avec elles au lieu que sa semence est encore dans ce fruit : je m'étendrai davantage sur ce sujet à la fin de la Dissertation.

Si plusieurs se sont rebutez de l'Accompagnement sur les prémieres difficultez qui s'y présentent, combien d'autres, parmi ceux qui Accompagnent aujourd'hui, n'en auroient pas fait autant, si on leur eût laissé entrevoir ce Labirynte impratiquable, dont je ne viens de donner encore qu'une foible teinture : car je n'ai pas tout dit, comme la suite le confirmera : & j'y ai même supposé dans la bouche des Maîtres bien des principes essentiels, qui ne sont point dans leurs Écrits.

Qui pourra désormais s'assûrer de surmonter toutes ces difficultez, à présent qu'on les touche au Doigt & à l'Oeil ? Ne croyons pas aussi que nos plus fameux Accompagnateurs tiennent grand compte de leurs Régles dans l'éxécution : je veux bien qu'ils puissent se les rappeller à tête reposée : mais dans la rapidité de cette éxécution, comment voulez-vous que leur esprit puisse s'occuper en même tems, & du Ton, & du nombre des Dieses ou Bémols qu'il exige, & du moment précis où il change, & du rang qu'y tient une Note de la Basse, & de l'Accord de cette Note, Accord souvent arbitraire, & de ce qui compose cet Accord, dont l'idée ne vient d'abord que sous sa dénomination particuliere, & de sa succession, & de la maniere de l'éxécuter avec la Basse, & de la lecture de la Musique, & de la précision de la Mesure, & de l'intelligence qu'il faut avoir pour s'unir avec les Concertans : Examinons-nous bien, avant que de décider : & nous verrons qu'une Oreille consommée, & secondée d'une routine enracinée dans les Doigts, aussi-bien que de quel-

ques Signes qui nous rappellent ce qui pourroit nous échapper
d'ailleurs, est tout le mobile de notre exécution.

Oüi, l'Oreille & les Doigts font presque tout dans l'Accompagnement, aussi-bien que dans nos fantaisies sur l'Orgue ou
sur le Clavecin. Il est vrai que pour former cette Oreille, il faut
lui présenter pendant quelque tems les routes par lesquelles elle doit ensuite nous conduire; Que pour les lui présenter, il faut
y accoutumer les Doigts; Que c'est par le jugement que ces
routes doivent se communiquer aux Doigts; & que par conséquent il faut d'abord orner l'esprit des régles nécessaires en ce
cas: Mais aussi, plus ces régles seront compliquées, plus vous
mettrez de tems à acquerir & l'habitude & la sensibilité, peut-être
même n'acquererez-vous jamais l'un & l'autre que très foible-
ment avec des régles trop compliquées; puisque de tous ceux
qui apprennent l'Accompagnement, à peine en voit-on la vingtiéme partie paroître sur la Scéne, & à peine la vingtiéme partie de celle-ci Accompagne-t-elle un peu passablement, à la facilité près d'éxécuter la Basse avec précision.

On ne s'informe pas du tems qu'il en a coûté à ceux qui passent pour bien Accompagner, lorsque cependant, il leur en a
coûté, du moins, dix ou douze années d'exercice: on n'examine
guéres, non plus, s'ils pratiquent généralement bien tous les
Accords dans une succession légitime: cela passe la portée du plus
grand nombre des Auditeurs?

De la précision dans la Mesure, un peu de hardiesse, en voilà
plus qu'il n'en faut pour mériter les suffrages.

Ce n'est pas d'un pareil Accompagnement, dont je prétends
vous faire part; il y entre de la routine, il est vrai, & beaucoup même, parce qu'elle y est necessaire; mais aussi, de
quel secours n'y est-elle pas, & pour l'esprit, & pour l'O-
reille, & pour les Doigts: outre que mon but n'est pas de vous
y procurer simplement la facilité d'Accompagner réguliérement;
je compte que vous en tirerez d'un plus, & la connoissance de
l'Harmonie, & les moyens de Préluder, de toucher des Fantaisies sur l'Orgue, & sur le Clavecin; comme l'ont déja éprou-
vé quelques Particuliers qui ne s'en cachent point.

Il seroit à souhaiter qu'en conséquence des régles en usage, il
fût possible d'Accompagner sans Chiffres, c'est-à-dire, que l'on
eut un moyen sûr de connoître promptement le Ton, & ses accef-
foirs, sur tout dans le moment précis où il change, aussi-bien
que les Accords arbitraires, dont les différens degrez sont suf-

ceptibles: mais il faut trop d'opérations pour cela.

Si un nouveau *Dièze*, *Bémol*, ou *Béquare* est la marque certaine d'un changement de *Ton*, il n'arrive pas toûjours à point nommé; souvent il n'est-là que pour le goût du Chant, & son accident n'y change rien; souvent il n'y est point du tout, quoique le *Ton* change, & c'est pour lors à la marche de la Basse qu'il faut avoir recours; on cherche une *Cadence finale*, elle se trouve *Rompuë*, ou *Interrompuë*, avant qu'elle arrive effectivement, ou bien encore elle n'arrive point, lorsque cependant le *Ton* change; il faut parcourir une ligne de Musique pour cela, & quelquesfois en vain, pendant qu'il s'y agit du passage d'une Note à une autre, dont la durée n'équivaut quelquesfois que le tems qu'on met à prononcer deux syllabes de suite; enfin il est rare qu'on n'y manque pas l'Accord dans le moment le plus précieux; moment où le *Ton* change, moment où l'Auditeur doit être affecté de ce changement, parce que c'est-là justement où l'expression reçoit le plus de force, moment enfin où il est de toute nécessité de prévenir le Chanteur sur le nouveau *Ton* qu'il va parcourir, pour que moins occupé de ce côté là, il puisse se livrer tout entier au goût du Chant, à l'expression.

Je sçais qu'une grande habitude acquise dans les Doigts, & soûtenuë d'une Oreille consommée, peut beaucoup en pareil cas, sur-tout quand on y est encore secondé de toutes les connoissances nécessaires: mais une seule chose doit toûjours nous y arrêter: Sçavoir, que dès qu'il plaît au Compositeur de s'écarter des routes ordinaires, il ne nous est pas possible de le deviner toûjours à point nommé? D'ailleurs, comme l'Harmonie est souvent arbitraire dans beaucoup de marches pareilles de la Basse, il faut non-seulement être au fait de cet arbitraire; mais on est forcé, de plus, d'écouter le tour d'Harmonie que le Compositeur y aura employé, pour pouvoir s'y conformer ensuite; & lorsque cette Harmonie auroit dû être donnée dans un certain moment précis, on ne peut cependant la donner pour lors qu'après coup.

Il est vrai qu'on ne s'expose guéres à Accompagner sans Chiffres, sans avoir la Partition devant les yeux: mais pour lors, la Partition, ou le Chiffre, c'est la même chose: Voir, d'un coté une Note qui fait la *Tierce* de la Basse, par exemple, & voir, de l'autre, un Chiffre qui la marque, quelle différence y a-t-il? il est vrai que le *Ton* se reconnoît mieux dans la Partition que dans le Chiffre, supposé qu'on soit instruit des Régles qui doivent procurer

curer cette connoissance, & qu'on soit capable d'une grande attention : mais ne pourroit-on pas trouver un moyen d'épargner les soins que cela demande ? Faut-il attendre, pour cela, qu'on soit en état de lire plusieurs parties à la fois, & d'y parcourir dans le moment plusieurs Mesures ? On peut fort bien Accompagner sans tous ces soins ; & pourquoi les éxiger, dès qu'ils ne sont pas absolument necessaires ?

Tous ceux qui veulent sçavoir l'Accompagnement s'y livrent-ils comme à une étude pénible, ou comme à un amusement ? Ne sont-ce pas, la plûpart, de jeunes enfans dissipez & distraits, ennemis de la réfléxion ? Ne fera-t-on rien en leur faveur ? Hé pour quoi semer des épines, quand on peut y substituer des fleurs ?

Si donc les Signes qu'on employe à chiffrer les Basses y causent le plus souvent de l'embarras, si l'on ne peut cependant s'en passer, sans tomber dans d'autres embarras encore plus grands, & si les Métodes & les régles d'Accompagnement qu'on a données jusqu'ici ne peuvent, ni clairement, ni solidement nous guider : Voyons si la nouvelle Métode dont je vais exposer le Plan, ne contiendra pas des Principes qui rendent cet Accompagnement plus simple, plus régulier, & plus facile.

Pour arriver au Plan dont il s'agit, je commencerai par exposer en quoi consistent l'Accompagnement du Clavecin, & les Principes sur lesquels il doit être fondé.

PLAN de la nouvelle Métode.

L'Accompagnement du Clavecin consiste à exécuter sur cet Instrument une Harmonie complette & réguliére.

On y a pour guide une des parties de la Musique, qui est ordinairement la plus-basse, d'où on l'appelle *Basse*.

On touche cette Basse de la Main gauche, & l'Harmonie qu'on y joint s'éxécute de la Droite.

La Basse, ou une autre partie de la Musique, ou même des Signes indépendans, en apparence, de cette Musique, peuvent également servir ici de guide : D'où l'on peut y regarder cette Basse comme un hors d'œuvre.

N'a-t-on que le Clavecin pour éxécuter la Basse, y domine-t-elle assez considérablement, & ne la fait-on pas doubler, autant qu'on le peut, par d'autres Instrumens, dont le son étouffe, même, celui du Clavecin ?

S'il ne s'agit que de l'Harmonie dans l'Accompagnement, & si je fournis un moyen de la rendre toûjours complette, &

C

régulière, sans le secours de la Basse. Donc cette Basse n'y sera
plus qu'un hors d'œuvre. Qu'elle doit pour lors exécutée par le
Clavecin, ou par un autre Instrument, ce sera la même chose;
& excepté le cas où l'on n'a point d'autres Instrumens, je ne
vois pas qu'il ne soit fort libre de se passer de la Basse dans l'Accompagnement du Clavecin.

Tel se contentera de vouloir prendre connoissance de l'Harmonie dans l'Accompagnement du Clavecin, & pourra se passer de la Basse en ce cas; tel autre seroit bien aise d'être promtement en état d'Accompagner dans un Concert, où il se trouve ordinairement assez d'autres Instrumens que le Clavecin,
pour exécuter la Basse; & si l'on n'avoit qu'une Main, faudroit-
il, pour cela, se priver de la satisfaction d'Accompagner, dès
qu'on le peut faire d'une seule Main? Enfin c'est toujours un
soin que j'épargne dans le besoin, je fais gagner, par ce moïen,
plus des trois quarts du tems; car supposé qu'on n'eut jamais
mis la Main sur le Clavier, & qu'on ne connut pas une Note
de Musique, on pourroit cependant se trouver en état d'Accompagner en moins de six mois, à la seule vûe de mes Signes;
cela ne laisse pas que d'avoir son mérite; & certainement je n'en
impose point; l'épreuve en a déja été faite; je ne doute pas, même,
qu'on ne s'apperçoive de la possibilité de la chose, si l'on veut
bien me suivre avec un peu d'attention.

La Basse, je veux dire, celle que dicte le goût du chant, enfin celle qu'on nous présente toujours pour Accompagner, est
tellement un hors d'œuvre dans l'Harmonie, qu'il y a plusieurs
cas, où elle ne peut s'unir dans son Groupé, & où par conséquent elle n'est admise que par goût, & non par nécessité: voïez
en effet, si vous pourrez jamais mêler la Note de la Basse dans
les Accords nommez *Neuvième*, *Neuvième & Quatre*, *Septième
superfluë*, & *Quinte superfluë*: Voyez en même tems si l'Harmonie n'a pas un cours égal sans cette Basse, comme avec cette
Basse: Donc les Notes de Basse, qui portent l'un de ces quatre Accords, ne sont que des Notes de goût, des Notes par
supposition, des Notes surnuméraires, comme je l'ai dit
dans le Traité de l'Harmonie, enfin des Notes hors d'œuvre,
sans lesquelles & avec lesquelles l'Harmonie suit également son
cours naturel.

Cette Basse est tellement un hors d'œuvre dans l'Harmonie,
je le répéte encore, que vous voyez par tout l'Harmonie suivre
toûjours une même route, pendant que cette Basse varie à cha-

que inftant les fiennes : D'où vient par exemple, qu'un feul Accord en fait fept, felon ce qui paroît à la page 12. c'eft que
vous y variez la Baffe : D'où vient que la même fucceffion d'Harmonie a été multipliée jufqu'ici en plufieurs ; c'eft parce qu'on
y varie la fucceffion de la Baffe : Or cette variété de la Baffe n'eft
de nulle conféquence dans le fond de l'Harmonie, puifque ce
fond n'y change jamais. Faites donc là-deffus ce que vous jugge-
rez à propos : Joignez la Baffe aux Accords, rien n'eft mieux ;
ne l'y joignez pas, quand vous aurez d'autres Inftrumens pour
l'exécuter, vous le pouvez toûjours. Suivez en cela votre goût
pour le travail : Mais je vous confeille toûjours, d'en tout entre-
prendre, dès que vous en aurez le tems, & le pouvoir.

On n'a pû jufqu'ici fe paffer de la Baffe dans l'Accompagnement du Clavecin, parce qu'on y a toûjours dénué l'Harmonie
de quelques-unes de fes parties : Mais il n'en eft pas de même
dans la Métode que je propofe : Voyons les Principes fur lef-
quels elle doit être fondée.

L'Harmonie fe diftingue, principalement dans l'Accompagnement, fous le nom d'*Accord*.

Principes
effentiels de
l'Accompa-
gnement

S'il n'y a que des Confonances, & des Diffonances dans l'Harmonie, il ne peut donc y avoir que des Accords Confonans, &
Diffonans ; Mais ne nous imaginons pas qu'il y en ait plus d'un
de l'une & l'autre efpéce. Le premier contient toutes les Confonances, & le dernier toutes les Diffonances de plus.

Comme il y a des Sons différens du grave à l'aigu dans la
Mufique, chacun de ces fons peut porter le même Accord, Confonant, ou Diffonant ; & c'eft fous cette idée qu'on peut dire
qu'il y a plufieurs Accords Confonans & Diffonans.

Chacun de ces deux Accords eft fondamentalement divifé par
Tierces, le Confonant fe compofe de trois Notes, comme *Ut*, *Mi*,
Sol, & le Diffonant d'une de plus, comme *Ut*, *Mi*, *Sol*, *Si*.

On peut changer le Genre des *Tierces* qui compofent chacun
de ces deux Accords ; mais ce ne feront pas moins des *Tierces*
majeures ou *mineures* ; le tout fera également renfermé dans les
bornes prefcrites : Ainfi je n'avance rien que de vrai : à l'égard
des accidens qui arrivent par ce changement, je puis me dif-
penfer d'en faire mention à prefent.

Quelque diftinction que l'on faffe de l'Accord Confonant, on
y trouvera toûjours trois Notes qui feront entr'elles, comme *Ut*,
Mi, *Sol* ; & quelque diftinction que l'on faffe de l'Accord Diffonant, on y trouvera toûjours quatre Notes qui feront entr'elles

comme *Ut*, *Mi*, *Sol*, &c. à la *supposition* près, dont j'ai déja déclaré que tout l'artifice étoit dans la Basse; & à la *suspension*
près, dont j'éclaicirai le mistère dans la suite.

La première, & la plus basse Note de chacun de ces deux Accords pris dans l'ordre où je les expose actuellement, en est toujours la Basse fondamentale, comme je l'ai déja prouvé ailleurs.

Comme il s'agit ici d'exécuter l'Ouvrage des autres, il faut
se mettre en état d'y reconnoître les routes qu'ils y ont tenües;
ce qui dépend de deux Principes: Sçavoir, de la connoissance
du *Ton*, & de la manière de se conduire dans ce *Ton*.

La Musique, comme le Discours, a ses Phrases, & chaque
Phrase, a sa Texture particulière.

Ce qu'on appelle *Ton*, est, pour ainsi dire, le Moule du Discours Harmonique en général, aussi bien que de chaque Phrase en particulier.

Quand on dit, par exemple, qu'une Pièce de Musique est en
tel *Ton*, cela signifie que cette Pièce commence & finit par ce
même *Ton*; mais cela ne veut jamais dire que tout le courant
de la Pièce soit dans ce même *Ton*: On a la liberté d'y changer
de *Ton*; & ce changement fait pour lors sur nous la même impression que celui des Phrases dans le Discours. D'où il suit que
les différens rapports de *Ton* qu'on y peut employer, sément encore dans cette impression une différence pareille à celle des différens rapports de sentimens exprimez dans les Phrases successives.

Le *Ton* est une Note donnée, relativement, à laquelle tous
les degrez contenus dans l'étendüe de son *Octave* doivent avoir
une certaine proportion. Telle est la proportion observée entre
les Notes de la Gamme *Ut*, *Re*, *Mi*, *Fa*, *Sol*, *La*, *Si*, *Ut*, relativement à *Ut*, qui y est la Note donnée, que j'appelle pour
cette raison, *Tonique*.

Tant que dans les Accords successifs, on n'altère d'aucun *Dièze*
ni *Bémol*, les Notes contenües dans l'étendüe de l'*Octave* de la
Note donnée pour *Tonique*, le même *Ton* subsiste: Donc c'est
par un nouveau *Dièze* ou *Bémol*, que le changement de *Ton* s'ap-
perçoit.

Outre ces Signes capables de faire discerner que le *Ton* change, les Accords, affectez à certains degrez de ce *Ton*, peuvent
contribuer encore à la même chose: Par exemple, l'Accord
Consonant, connu sous le nom de *Parfait*, convient à la seule *To-*

nique : Ce qui me fuffit pour ma Méthode ; & ce qui , par conféquent, me difpenfe d'en dire davantage fur ce fujet.

Connoître le *Ton*, c'eft fçavoir où l'on eft , d'où l'on vient , & où
l'on va : Or , comment Accompagner fans ce fecours ? Cependant
c'eft ce qu'il y a de plus difficile pour l'Accompagnateur ; prefque tous y échoüent : c'eft pourquoi j'ai jugé à propos de décla-
rer ce *Ton* par un Signe qui épargne le foin de s'occuper à le chercher : recherche d'autant plus nuifible dans l'exécution , que pour
lors les fonctions des Doigts & des talens fonts entiérement fuf-
pendües.

A l'égard de la maniere dont on doit fe conduire dans le *Ton* ;
cela regarde la fucceffion des Accords.

S'il n'y a que des Accords Confonans & Diffonans , dans le
fens où j'ai expliqué qu'on pouvoit imaginer qu'il y en a plufieurs de l'une & l'autre efpece ; toute la fucceffion des Accords
ne confifte donc que dans celle des Confonans entr'eux , des
Diffonans entr'eux , & de leur entrelacement : rien n'eft plus
clair , rien n'eft plus pofitif , cela fe démontre de foi-même.

Si nous ne connoiffons plus d'autres Accords Confonans que le
Parfait , & fi cet Accord ne convient qu'à la feule *Tonique* ; Donc
la fucceffion des Accords Confonans entr'eux fournira autant de
Toniques fucceffives , que d'Accords ; & par conféquent autant
de *Tons* différens , qui feront diftinctement déclarez par leurs Signes : l'habitude de cette fucceffion une fois contractée dans les
Doigts , la leur rendra fi familiere , que voir le Signe, concevoir ,
& exécuter ce qu'il indique , ce ne fera plus qu'une feule opération : ainfi des deux autres fucceffions.

La fucceffion des Accords Diffonans entr'eux fe fait généralement dans un même *Ton* ; la Diffonance y lie , pour ainfi dire , le
fens Harmonique ; un Accord y fait fouhaiter l'autre ; le fens ,
par ce moyen , n'eft pas fini ; & c'eft cette fucceffion qui fournit
toûjours les Phrafes les plus longues en Harmonie.

Si le *Ton* peut changer dans une pareille fucceffion , ce n'eft
plus que par un nouveau *Diéze* ou *Bémol* , qui vient à altérer l'u-
ne des Notes d'un Accord , fans que l'ordre de cette fucceffion
y change pour cela ; ni fans qu'il foit plus difficile de trouver
fous les Doigts le nouveau *Diéze* ou *Bémol* , que la Note même
à laquelle il eft fubftitué.

Cette deuxiéme fucceffion eft d'une fimplicité fans égale ; tout y
eft purement Méchanique , & les Doigts s'en rendent maîtres en
peu de jours.

Pour ce qui est de la troisième succession, sçavoir, l'entrelassement des Accords Consonans avec les Dissonans; le principe en réside dans les deux *Cadences fondamentales* de l'Harmonie, soit par *Quinte* en descendant, soit par *Quinte* en montant; c'est le fond de ce qu'il y a de meilleur dans la Regle de l'*Octave*; voyez toujours, en attendant, (supposé que vous soyez au fait) s'il y a moyen de faire preceder un Accord *Consonant*, d'aucun autre *Dissonant* que de celui de la *Septième*, de la *Dominante*, & de celui de la *Sixte-Quinte*, de la *Soudominante*, excepté dans la *Cadence rompüe*, & dans les *Suspensions*, où je prouverai cependant qu'il n'y a pas d'exceptions quant au fond. Pour ce qui est de l'*Accord Dissonant* qui peut suivre le *Consonant*, il est arbitraire, mais il ne l'est plus, dès qu'il doit être suivi à son tour, d'un même *Consonant*.

Je me sers toujours des termes usitez pour les *Accords*, puisque ma Métode n'est pas encore déclarée.

20 Il règne encore dans cette derniere succession un ordre, & une marche, dont le Méchanisme passe aussi promptement dans les Doigts, que celui de la succession précédente.

On peut déja voir dans ces trois successions fondamentales, au moins trois differentes textures de Phrases Harmoniques; je dis au moins, parce que leurs differens entrelassemens, en pouvant souvent entrer autant qu'il y a de differentes manieres de combiner ces entrelassemens.

20 Qui plus est, ce qui cause encore la varieté des Phrases, c'est le choix arbitraire qu'on peut faire de l'Accord Dissonant qui doit suivre le Consonant; celui-là, quoique toujours le même dans le fond, pouvant se rapporter à differentes Notes fondamentales, ce qui n'a jamais été déterminé, & ce que je ne déterminerai, qu'après avoir développé ce qui regarde les successions précédentes.

Puisqu'il faut nécessairement connoître le *Ton*, puisqu'on ne peut le discerner principalement que par la *Note Tonique*, & puisqu'il faut en même temps connoître & pratiquer l'Accord de cette *Tonique*, il s'agit de trouver un Signe qui indique le tout si précisément, qu'on n'y soit plus occupé que de ce qui regarde l'exécution.

Ce Signe sera l'une des Lettres Alphabetiques qui répondent aux Notes de la Gamme suivante.

Moyen de connoître le Ton, la Tonique, & son Accord.

monture, & qui commence par *Vt*. Or il y a voit (&
comment), il vous conçevez l'ordre que les Grecs & les anciens
G. Ré. Sol. Ces Lettres *A, B, C, D, E, F,* &c. conservent
E. Vt. Fa. un ordre trop simple entr'elles, pour qu'en sça-
E. Si. Mi. chant une fois que *A* signifie *A mi la*, ou *la*, on
D. La. Ré. n'en soit au fait de tout le reste: D'ailleurs, nous
C. Sol. Vt. avons tous été instruits de cette Gamme, on ne con-
B. Fa. Si. noît les Touches du Clavecin, en Allemagne, & en
A. Mi. La. Angleterre, que par ces seules Lettres, *A, B, C,*
&c. en Espagne & en Italie on dit *C, Sol, Fa, Vt,* au lieu de *C,
Sol, Vt, Vt,* est même appellé *Do,* en particulier, & la suite de
la Gamme s'y exprime de cette façon, *Do, Ré, Mi, Fa, Sol, Ré,
Mi, Fa,* au lieu que par tout, les lettres *A, B, C,* &c. fournissent la même idée, & présentent le même objet. Donc, pour rendre la Méthode générale, je pense qu'on ne peut mieux faire que
d'employer l'une de ces Lettres pour Signe, & du *Ton* & de la
Tonique, & de son Accord : *C,* indique par exemple qu'on est
dans le *Ton* d'*Vt,* que *Vt* en est la *Tonique,* & qu'il en faut faire
l'*Accord parfait,* cette Lettre n'occupant, d'ailleurs, pas plus de
place qu'un Chiffre.

Pour qu'on ne puisse jamais s'écarter de l'idée du *Ton,* j'appellerai dans la suite *Accord de la Tonique,* tout Accord Consonant. Ce qui est très-juste d'ailleurs, par la raison que cet Accord ne convient qu'à la seule *Tonique,* comme je l'ai déja dit.

Dans cet *Accord de la Tonique,* & dans son Signe seront con-
fondus & l'*Accord parfait,* & l'*Accord de Sixte,* & celui de *Sixte-
Quarte,* nous ne nous y embarrasserons plus de ces distinctions
frivoles; quelque Note qu'il y ait dans la Basse, la Lettre qui
sera au-dessus ou au-dessous, indiquera toûjours l'*Accord de la Tonique* dont elle sera le Signe; qui plus est, si par distraction cette
Note de la Basse vous échappoit, touchez la *Tonique* indiquée par
son Signe, l'Harmonie sera toûjours bonne, & c'est là le principal.

En touchant l'*Accord de la Tonique,* vous connoîtrez combien il
entre de *Diézes,* ou de *Bémols* dans le courant du *Ton,* c'est-à-dire,
ceux que vous devrez employer dans tous les Accords contenus
depuis un Signe du *Ton* jusqu'à l'autre. Suppolé que vous sçachiez ce qui fuit.

Il y a deux *Gammes* particulieres, celle des *Diézes* qui va par
Quintes en montant, & qui commence par *Fa*, & celle des
Bémols qui va par *Quintes* en descendant, ou par *Quartes* en

Tous les
Accords con-
sonans sont
compris dans
celui de la
Tonique.

Moyens de
connoître
les *Diézes* ou
les *Bémols*
qui entrent
dans un *Ton.*

24   PLAN.

montant, & qui commence par *Si* ; Or si vous sçavez ces deux
Gammes , si vous concevez l'ordre que les *Diezes* & les *Bémols* y
observent, qu'il ne peut s'en trouver un, que tous ceux d'auparavant n'y soient sous-entendus, depuis celui par où commence la
Gamme ; du moins dans le cas présent, vous n'avez qu'à toucher
pour lors l'*Accord d'une Tonique* , comme par exemple, *Mi* , *Sol*
Dieze & *Si* ; & vous jugerez par *Sol Dieze* , qu'il doit se trouver
dans tout le courant du *Ton* les *Diezes* de *Fa* , de *Ut* , & de *Sol* ;
& avec cela , je vous avertis qu'il doit s'y en trouver un de plus ;
donc celui-là de plus sera justement celui qui suit immédiatement
Sol dans la *Gamme* ; donc il y aura dans le *Ton* donné les *Diezes*
de *Fa* , de *Ut* , de *Sol* , & de *Ré* ; ainsi du reste ; ainsi des *Bé-*
mols , en y faisant les mêmes observations.

Quand *Fa* est privé du *Dieze* il est censé *Bémol* , & quand *Si*
est privé du *Bémol* , il est censé *Dieze* : Or par la Régle qui vous
dit qu'il en faut un de plus ; *Fa* , dans l'*Accord d'une Tonique* exigera *Si Bémol* dans le courant du *Ton* , & *Si* dans l'*Accord d'u-*
ne Tonique exigera de son côté , *Fa Dieze* dans le courant du
Ton .

Si l'on se représente toûjours le nombre des *Diezes* , ou des
Bémols , qui entrent dans le *Ton* dont on fera l'Accord , on n'aura pas acquis la pratique des Régles nécessaires , qu'on sera en
état de se rappeller ce nombre , en même temps que le Signe du
Ton paroîtra .

Ce moyen de reconnoître le nombre des *Diezes* , ou des *Bé-*
mols qui entre dans un *Ton* , tout facile qu'il est , peut encore
être éclairci d'avantage par d'autres moyens qui ne peuvent guè-
res être sensibles que de vive voix , parce qu'il faut sçavoir s'y
accommoder pour lors à l'intelligence de ceux à qui on a affaire .

Que d'erreurs on trouve dans la Musique , sur ce nombre des
Diezes ou des *Bémols* mal observé à côté de la *Clef* , où l'on en
doit prendre l'intelligence ; Que d'Accords susceptibles de ces
Signes oubliez , où même la faute n'est réparée par aucun Signe
particulier ; Dans combien d'erreurs les Commençans ne tom-
bent-ils pas , en conséquence de celles-là ; Et combien ne leur
faut-il pas de temps pour y survenir ? Car la plûpart n'ont que
l'Oreille , ou la facilité de lire la Partition pour s'en garantir .

Voyons à présent comment se trouve l'*Accord de la Tonique* sur
le Clavier .

J'exclus d'abord le *Pouce* de tous les Accords ; j'en dirai la raison

fon à la fin de la Differtation.

Je me fers ici des Chiffres 2, 3, 4, & 5, pour indiquer les Doigts dont il faut fe fervir, en appliquant le 5 au petit Doigt, & les autres Chiffres à proportion.

Nous fçavons déja que l'Accord de la Tonique fe compofe de trois Notes à la Tierce l'une de l'autre, dont la plus baffe, que j'ai dit être la fondamentale, eft en même temps la Tonique, l'autre fa Tierce, & l'autre fa Quinte : Cet Accord a trois faces fur le Clavier ; & c'eft le feul dont je n'ai pû rendre toutes les faces comme prefqu'égales ; cependant le moyen dont je me fers pour le faire trouver fous les Doigts, & le foin que je prends à le faire rencontrer dans toutes les regles de fucceffion, rendront bientôt fes différentes faces également familieres.

Le premier principe qu'il faille d'abord fe repréfenter, c'eft que tout eft Tierce dans les Accords, après quoi l'on paffe aux exceptions fuivantes.

Quand vous avez un Doigt au-deffous de celui qui touche la Tonique, placez-le à la Quarte au-deffous, & laiffez-en tomber un autre à la Tierce de fon voifin, de quelque côté qu'il fe trouve : finon, arrangez trois Doigts par Tierces, quand la Tonique eft fous le plus bas de tous, c'eft-à-dire fous le 2.

Le haut & le bas, le deffus & le deffous fe prennent ici conformément à l'ordre des Touches du Clavecin, où le haut eft du côté Droit, & le bas du côté Gauche.

Le 4. doit toûjours fe trouver au milieu ; excepté quand le 5. touche la Tonique.

Dans cet ordre connu, on ne peut méconnoître de quel Doigt on touche la Tonique ; car elle eft toûjours fous le Doigt qui n'a point de Tierce immédiatement au-deffous de lui.

Cette connoiffance qui peut s'acquérir au moment même qu'on nous la développe, eft d'une néceffité abfoluë, pour trouver tous les Accords poffibles à la fuite les uns des autres, fans être obligé de porter la vûe fur le Clavier.

La Tonique ne peut être connuë, fans que fa Tierce & fa Quinte ne le foient : la Tierce eft fous le Doigt voifin, au-deffus de celui qui touche la Tonique, finon elle eft fous le plus bas des Doigts, quand le 5. touche la Tonique ; & la Quinte eft la plus haute Note des Tierces, finon elle eft fous le Doigt qui fe trouve à la Quarte au-deffous de celui qui touche la Tonique.

Toutes ces petites remarques fe familiarifent tellement à force de les faire, que bien-tôt il femble qu'elles ayent paffé dans les

D

marginal note: Connoître de quel Doigt on touche la Tonique, fa Tierce & fa Quinte, fans porter la vûe fur le Clavier.

Doigts, ils n'y sont bien-tôt plus conduits que comme par une autre, & l'on est tout étonné de les sentir s'arranger & marcher pour lors comme ils le doivent, sans qu'il semble que la réflexion s'en mêle : le Signe apperçû, les Doigts s'arrangent & marchent, c'est à quoi se réduit l'opération ; quand on a sçû se conduire par des voyes qui en facilitent l'accomplissement.

Le passage d'un Accord Consonant à un autre a pour fondement une marche par Quintes ou par Tierces qu'indiquent très précisément les Lettres qui se trouvent pour lors à la suite les unes des autres dans C, G, D ; par exemple, vous voyez une marche par Quintes en montant ; dans C, E, G, vous en voyez une par Quintes en descendant ; dans C, E, G, vous en voyez une autre par Tierces en montant ; dans G, E, C, vous en voyez une pareille en descendant : ce que les Notes de la Basse ne vous présenteroient jamais ; & par accident, n'a-t-on que la Tierce & la Quinte de la Tonique peuvent également porter l'Accord de deux façons.

La Tonique & la Quinte sont les principaux objets de cette marche, pourvû qu'on se représente bien que les Doigts passent toujours d'une Note ou d'une Touche à sa voisine : Régle qui est générale dans toutes les successions d'Accords.

Si les Signes vont par Quintes en montant, donnez votre Quinte à l'Accord qui est sous les Doigts, & faites descendre les deux autres ; s'ils vont au contraire par Quintes en descendant, conservez la Tonique de l'Accord qui est sous les Doigts, & faites monter les deux autres.

D'un côté la Quinte conservée devient Tonique, & de l'autre la Tonique devient Quinte.

Si les Signes vont par Tierces en montant, faites descendre la seule Tonique ; & s'ils vont au contraire par Tierces en descendant, faites monter la seule Quinte.

D'un côté la Tonique passe à la Quinte, & de l'autre la Quinte passe à la Tonique.

Remarquez bien qu'il y a toujours ici mouvement contraire entre la succession des Accords & celle de la Basse fondamentale indiquée par les Signes ; concluez-en la justesse à propos qu'on a prétendu pouvoir appliquer cette Régle à la marche d'une Basse arbitraire, puisque si deux Notes, par exemple, y descendent de Quinte, au lieu d'y monter de Quinte, ce qui est la même chose, quant au fonds ; le mouvement des Accords ne sera plus comparable à celui de cette Basse ; ainsi de mille autres cas ou telle ou telle Basse ne peut varier les routes ; pendant que celles des

D

Signes, & des Accords en conséquence ne varieront jamais.

Cette seule observation doit nous convaincre du peu de fondement qu'il y a dans les Régles qu'on nous a données jusqu'ici de l'Accompagnement; puisque l'une des principales y roule sur le mouvement contraire entre les Accords & la Basse; lorsque cela ne peut être appliqué qu'au fond de l'Harmonie, dont la marche est à tout moment contrariée par celle d'une Basse arbitraire.

Au reste il ne faut s'attacher ici qu'aux marches par *Tierces*, celles de *Quintes* étant toûjours susceptibles d'une Dissonance qui en facilite extrêmement la pratique, en conséquence des Régles suivantes.

Or, qu'y a-t-il de plus facile à observer que la Régle prescrite dans une marche par *Tierces*, dont les Signes *A, C,* ou *C, A,* présentent si clairement l'idée? encore peut-on passer légerement sur cette derniere succession, parce qu'elle se trouve répétée dans la troisiéme Régle fondamentale.

Si le hasard fait naître des *Toniques* successives en dégrez conjoints, comme *A, B, C,* ou *C, B, A,* faites monter, ou descendre d'une Touche chaque Doigt de chaque Accord, selon que les Lettres marchent en montant, ou en descendant; ce mouvement des Accords n'est plus contraire à celui des *Toniques*, mais il l'est ordinairement à celui de la Basse arbitraire, où l'on n'a garde d'employer ainsi les *Toniques* à la suite les unes des autres: Si cependant cela se rencontroit, soit dans des *Toniques* mêmes, soit dans leurs *Tierces*, vous n'en suivriez pas moins l'ordre dicté par les Lettres ou Signes; le mouvement contraire seroit fort mal imaginé en ce cas: Ce qui peut se pratiquer à tête reposée dans des tournures d'Harmonie qu'on se rend familieres à force de les rebatre, & dans de certaines faces des Accords, n'est pas toûjours du ressort de l'impromptu: Ce n'est pas ici où le difficile possible doit être exigé; le plus simple, quand il est bon, est tout ce qu'on y doit souhaiter.

On me permettra ces Remarques, parce que je dois justifier ce que je propose.

Sçachant que tous les Accords sont fondamentalement par *Tierces*, & que les Dissonans contiennent généralement quatre Notes différentes; placez quatre Doigts, sans le *Pouce*, sur le Clavier, chacun à une *Tierce* l'un de l'autre; ou bien placez, en deux, n'importe lesquels, sur deux Touches contiguës, & les autres chacun à la Tierce de son voisin, vous aurez tous les Ac-

Succession des Accords Dissonans.

D ij

cords Diſſonans poſſibles ; n'y cherchez point à preſent d'exceptions, j'aurai ſoin de vous en avertir, & d'y apporter le remède
néceſſaire.

Comme il doit être cenſé que les Doigts ſe placent généralement à la *Tierce* les uns des autres, j'appellerai *les deux Doigts joints*,
ceux qui devront ſe trouver ſur deux Touches contiguës.

Ce moyen de pratiquer l'Accord Diſſonant dans toutes ſes faces eſt ſi ſimple, qu'on peut dire que de cette ſorte il n'a qu'une
face : car tous les Doigts par *Tierces*, ou deux joints, & les autres par *Tierces*, cela n'y apporte guéres de différence : mais ſa
ſucceſſion, & la maniere de le trouver après l'*Accord d'une Tonique*, feront encore mieux ſentir ce qui en eſt.

Les Doigts deſcendent toûjours après un Accord Diſſonant,
excepté celui qui y touche une Note particuliere qui peut s'y trouver quelques-fois : mais loin que cette exception porte coup à la
Régle générale, elle engage au contraire à la ſuivre, & fait connoître de plus où l'on en eſt, comme nous le verrons bien-tôt.

Vos Doigts étant arrangez par *Tierces* ſur le Clavier ; dès que
vous voudrez en faire paſſer un ſur la Touche voiſine de celle
qu'il occupera, vous ſentirez, ſuppoſé que vous ayez la main
ſouple, comme cela ſe doit, ſans qu'il ſoit néceſſaire de le recom-
mander ici, vous ſentirez, dis-je, que l'un des extrêmes s'ap-
prochera naturellement de ſon voiſin, & cela pour mettre la
Main plus à ſon aiſe. Or, étant averti qu'il faut faire deſcendre
un Doigt en pareil cas, le 5 par conſéquent ira joindre naturellement ſon voiſin. Si je vous donne, de plus, pour Régle générale, en ce cas, que des deux Doigts joints, le plus bas doit deſcendre ; vous voilà au fait de la marche de ces Doigts, & dans
quelle circonſtance, s'il vous plaît ? Juſtement dans celle qui a
cauſé juſqu'ici le plus d'embarras, & dont on n'a jamais pû ſur-
monter les difficultez, quelque Régle qu'on ait employé pour
cela. En un mot, vous voilà à preſent au fait de *Préparer* & de
Sauver toutes les Diſſonances poſſibles dans la plus grande ri-
güeur. Peut-on avoir laiſſé échaper un principe ſi ſimple ? Qui s'i-
maginera jamais que c'eſt pour la premiere fois qu'on le met au
jour, & qu'en ſa place on avoit ſubſtitué des Régles d'un détail
immenſe, où cependant tout ce qu'elles doivent embraſſer n'eſt
pas compris à beaucoup près ?

Ce que j'applique aux Doigts, aux Touches du Clavier, peut
également s'appliquer aux Notes, indépendament de ces Doigts
& de ces Touches : ainſi je parle par tout au Compoſiteur, auſſi

fi-bien qu'à l'Accompagnateur. Les routines par lesquelles je conduis dans cette Métode, sont tirées de principes lumineux; On peut y remonter quand on le juge à propos, ou quand on en est capable; revenons à notre marche des Doigts.

Le Doigt qu'il faut faire descendre par tout le premier, est justement celui qui descendroit naturellement seul de lui-même; c'est le 5, s'ils sont tous par *Tierces*, sinon le plus bas des deux joints, selon l'avertissement qui a précédé.

Voulez-vous faire descendre deux Doigts à la fois ? ce sera pour lors le premier donné, & son voisin au-dessous, ou s'il n'a point de voisin au-dessous, ce sera avec lui le plus haut de tous, c'est-à-dire le 5; car c'est par tout une loy générale, & il faut bien s'en souvenir, que le Doigt spécifié au-dessous d'un autre qui est déterminé, est le plus haut de tous, quand il n'y en a point au-dessous; de même que le Doigt spécifié au-dessus, est le plus bas de tous, quand il n'y en a point au-dessus: cela forme une espece de cercle, où le bas est lié avec le haut; de sorte que ce qui ne se trouve pas d'un côté, se trouve de l'autre.

Voulez-vous faire descendre trois Doigts à la fois ? conservez le fondamental sur sa Touche, & faites descendre les trois autres.

Si la *Tonique* est fondamentale, & si on la reconnoît sous les Doigts en ce qu'elle n'a point de *Tierce* immédiatement au-dessous d'elle; il en est de même ici du plus bas des Doigts par *Tierces*, qui n'a point de *Tierce* au-dessous de lui, & du plus haut des deux joints, qui n'a pas, non plus, de *Tierce*, immédiatement au-dessous de lui: ainsi le plus bas des Doigts par *Tierces*, ou le plus haut des deux joints, est toûjours fondamental dans le cas présent.

La Régle générale de la succession des Accords Dissonans se tire de la *Cadence* appellée *Parfaite*, où deux Doigts descendent; d'autant que cette succession est la plus générale, & que les autres qui ne sont qu'accidentelles sont bien-tôt familieres, quand celle-cy l'est.

On exerce pour lors cette succession dans huit ou dix *Tons majeurs* seulement; d'où naît un pareil nombre de *Mineurs*, dont il n'est pas encore nécessaire d'avertir les Commençans.

On avertit seulement ici que chaque *Ton* a sa *Note sensible*, que cette Note est toûjours le *Demi-ton* au-dessous de la *Tonique*, & qu'elle est par tout le dernier *Diéze* du *Ton*: d'où, si l'on veut pratiquer par exemple le *Ton* d'*A*, on dit, sa *Note sensible* est

(marginal note: + dans l'accord consonant)
(marginal note: # dans l'accord dissonant)

(marginal note: succession fondamentale des accords dissonans)

(marginal note: De la Note sensible.)

G Diézes, ou *Sol Diézes*, donc il y a dans ce *Ton* les *Diézes* de *F*, de *C*, & de *G*, c'est-à-dire de *Fa*, d'*Ut*, & de *Sol*, ainsi des autres.

A l'égard des *Tons* dont la *Tonique* peut être *Bémol*, cela est différent ; il faut s'y représenter pour lors un *Bémol* de plus que celui de cette *Tonique*, selon la Régle donnée à la page 23.

Ces dernieres Régles ne conviennent qu'aux *Tons majeurs* dont il est seulement question ici ; quoiqu'il y ait un moyen de les appliquer aussi aux *Mineurs* : mais nous en avons déja une générale pour tous les *Tons* ; & cela doit nous suffire.

Quand on veut donc pratiquer une succession d'Accords Dissonans, on s'assûre d'abord du *Ton*, & du nombre des *Diézes* ou *Bémols* qu'il contient, pour les emploier par tout dans les Accords, au lieu des Touches naturelles en même dénomination ; on arrange ensuite quatre Doigts tout au haut du Clavier, soit par *Tierces*, soit en joignant deux Doigts ; puis on les fait descendre alternativement de deux en deux, selon l'ordre qui suit.

Les Doigts sont-ils tous par *Tierces*, les deux plus hauts descendent, & pour lors les deux moyens se trouvent joints ; les deux plus bas descendent ensuite ; de sorte que dans cette marche, tantôt ils sont par *Tierces*, tantôt les deux moyens sont joints.

L'un des extrêmes est-il joint, l'autre des extrêmes doit d'être à son tour ; & pour lors, ou les deux extrêmes, ou les deux moyens descendent ensemble.

On continüe cette succession jusqu'au milieu du Clavier, pour la terminer par l'*Accord de la Tonique*, nécessairement précedé de son *Accord sensible*.

De l'Accord sensible.

Qui connoît la *Note sensible*, connoît bien-tôt l'*Accord sensible*, puisque dès que cette *Note sensible* se trouve immédiatement au-dessus des deux Doigts joints, ou dès qu'elle est touchée du 3 quand tous les Doigts sont par *Tierces*, on peut s'assûrer que c'est là l'*Accord sensible* : ce qu'on est obligé de bien remarquer pendant quelque temps, en s'y souvenant de la Régle qui dit que ce qui ne se trouve pas d'un côté, se trouve de l'autre, page 29.

C'est cette *Note sensible* qui, dans l'*Accord sensible*, dérange quelquefois en son particulier l'ordre de la succession prescrite : mais outre qu'elle ne le dérange que lorsqu'on l'a fait suivre de l'*Accord de la Tonique*, c'est que cela n'arrive sensiblement que lorsqu'elle est touchée du 5 dans l'*Accord sensible* : & pour ne s'y pas tromper, il faut être prévenu qu'elle doit toûjours monter sur

La *Tonique*, dès qu'il s'agit de finir, ce qui peut aisément se pratiquer, quand on a la main sur le Clavier.

La *Tonique* & la *Note sensible* se prêtent mutuellement du secours, l'une rappelle l'idée de l'autre, pour peu qu'on y fasse attention.

La Métode fournit des moyens pour faciliter encore d'avantage l'intelligence & la pratique de cette succession.

Tout semble encore obscur jusqu'ici, mais c'est dans la troisiéme Régle fondamentale, c'est dans l'entrelassement des Accords Dissonans avec les Consonans, que la lumiere va commencer à se développer.

Vous connoissez déja l'*Accord d'une Tonique* quelconque, du moins je le suppose; sinon, prenez celui de *C Sol Ut* sur le Clavier, dans cet ordre *Ut*, *Mi*, *Sol*; considerez-y seulement la *Seconde d'Ut*, qui est *Ré*, & la *Note sensible* qui est *Si*; bien-tôt vous allez être au fait de tout l'entrelassement dont il s'agit.

Si je vous dis de faire l'Accord de la *seconde d'Ut*, d'abord vous joindrez *Ré à Ut*, qui est déja sous un de vos Doigts: or si vous vous souvenez pour lors que deux Doigts étant joints, les deux autres doivent se placer à la *Tierce* de leur voisin, & si, en consequence des Régles précedentes, vous avez déja l'habitude d'arranger vos Doigts par *Tierces*, d'abord avec la *Seconde d'Ut*, vous allez former tout l'Accord complet, que j'appelle *Accord de la Seconde*.

Si je vous dis de reprendre l'Accord de la *Tonique Ut*, & de faire ensuite son *Accord sensible*: vous devez déja connoître cet *Accord sensible*, par la Régle qui regarde la succession des *Accords Dissonans*: sinon, vous sçavez, parce que je viens de dire, que la *Note sensible d'Ut* est *Si*: or arrangez tous vos Doigts par *Tierces* depuis ce *Si*; excepté que s'il s'en trouve deux au-dessous, ils doivent être joints, ou bien que s'il n'y en a aucun au-dessous, il faut joindre les deux plus hauts; Voilà cet *Accord sensible* trouvé.

La *Seconde* d'une *Tonique*, est toûjours un *Ton* au-dessus, & la *Note sensible* est toûjours un *demi Ton* au dessous; l'Accord de la *Seconde* & le *Sensible* sont Dissonans, on y employe également quatre Doigts; ils sont en même construction, tout y est par *Tierces*, où deux Doigts y sont joints, & les deux autres par *Tierces*: mais comme ils n'ont pas la même Note pour fondamentale, ils paroissent différens: *Ré* est fondamental de l'Accord de la *Seconde*, *Ré*, *Fa*, *La*, *Ut*; & *Sol* est fondamen-

De l'entrelassement des Accords Consonans avec les Dissonans.

Seconde de la tonique

Ce fondement n'est pas ici la vé-

ritable ; mais cela n'importe pour la pratique.

tal de l'*Accord sensible*, *Sol*, *Si*, *Ré*, *Fa* ; changez l'ordre de ces Notes, vous aurez *Ut*, *Ré*, *Fa*, *La*, d'un côté, & *Si*, *Ré*, *Fa*, *Sol*, de l'autre ; vous y trouverez, en un mot, quatre ordres différens, mais toûjours, ou par *Tierces*, ou deux Doigts joints, & le reste par *Tierces* ; la plus basse Note des *Tierces*, ou la plus haute des deux jointes, comme *Ut*, & *Ré*, y sera toûjours la fondamentale : ainsi la différence de ces deux Accords Dissonans ne consiste que dans leur Note fondamentale, & nullement dans leur construction.

De l'origine des Dissonances nécessaire.

Si au lieu de donner la connoissance de ces deux Accords Dissonans par leur Note fondamentale, je leur fais prendre une dénomination relative à la *Tonique* : c'est parce que cette *Tonique* doit toûjours être présente à l'esprit, tant pour sçavoir dans quel *Ton* l'on est, que pour sçavoir quels *Dièzes* ou *Bémols* on doit employer dans le courant des Accords ; d'où il vaut bien mieux faire tout rapporter à ce même objet, que d'occuper à tout moment l'esprit d'objets différens. Ainsi la *Tonique* connuë, la *Seconde* & sa *Note sensible* le sont sur le champ ; les Doigts ont bien-tôt contracté l'habitude d'en pratiquer les Accords d'abord après celui de la *Tonique* ; d'un côté la *Seconde* de cette *Tonique* indique sur le champ la construction de l'Accord, de l'autre côté la *Note sensible* en fait autant ; rien ne doit paroître plus simple, comme l'éprouvent tous ceux qui en font usage.

Je donne à cet entrelassement le nom de *Cadences*, pour les raisons alleguées à la page 22.†

† parceque dans la pratique ordinaire tout accord consonant doit estre precedé de la septieme de la Dominante ou de la quinte en tierce de la Sondominante, or dans les presens sisteme nostre accord sensible est l'acte 7.e de la Dominante et nostre accord de la seconde est cette quinte et tierce de la sond

Si la manière de former ces *Cadences* consiste à entrelasser l'Accord d'une *Tonique* avec ceux de sa *Seconde*, & de sa *Note sensibles* on ne l'a pas fait cinq ou six fois dans un *Ton*, en y remarquant bien la marche des Doigts d'un Accord à l'autre, qu'on est en état de le faire sur le champ dans tous les *Tons* ; pourvû qu'on n'y soit point arrêté par les différens *Dièzes* ou *Bémols* qui entrent dans les différens *Tons* : on peut du moins en pratiquer une douzaine de suite, de vingt-quatre qu'il y en a ; le reste se familiarisant bien-tôt après, pour peu qu'on l'éxerce.

A chaque *Ton* qu'on éxerce, il faut non seulement juger du nombre des *Dièzes* ou des *Bémols* qui y entrent, pour les employer par tout, & cela selon la Régle donnée page 23 ; mais il faut de plus reconnoître si le *Ton* est *Majeur* ou *Mineur* : ce que je n'expliquerai point ici, parce que cela est à la portée de tous les Musiciens.

L'Accord

L'*Accord fensible* eſt toûjours le même dans le *Ton majeur* & dans le *mineur* d'une même *Tonique* ; de ſorte que la différence des *Diézes* ou des *Bémols* n'y regarde que l'Accord de la *Seconde*.

Ces *Cadences* ont trois faces différentes ; mais avez-vous ſous les Doigts une des faces de l'Accord d'une *Tonique*, les deux autres Accords y coulent comme de ſource, par la Régle donnée : car ſi vous avez un Doigt au-deſſus de celui qui touche la *Tonique*, il eſt toûjours prêt à en toucher la *Seconde*, les autres ſe plaçant enſuite, chacun à la *Tierce* de ſon voiſin ; & ſi vous n'avez point de Doigts au-deſſus, tous s'arrangent par *Tierces* depuis celui qui touche la *Tonique*, pour former l'Accord de la *Seconde* : De même que ſi vous avez un Doigt au-deſſous de la *Tonique*, il eſt toûjours prêt à toucher la *Note ſenſible* & ſi l'y en a point au-deſſous, le même qui touche la *Tonique*, ſe gliſſe pour lors ſur cette *Note ſenſible*, le reſte de l'Accord ſenſible ſe formant comme il a été dit.

Une choſe à remarquer ici, c'eſt que la *Tonique* doit toûjours reſter ſous le Doigt qui la touche, en entrelaſſant ſon Accord avec celui de la *Seconde* ; & qu'au contraire, la *Quinte* de cette même *Tonique*, doit toûjours reſter ſous le Doigt qui la touche, en entrelaſſant ſon Accord avec le *ſenſible*.

Par cette remarque, on voit le rapport des *Cadences* en queſtion, avec la ſucceſſion fondamentale par *Quintes*, ſur laquelle eſt établie, en partie, celle des Accords Conſonans, page 26, & dont je n'ai pas exigé l'éxercice, à cauſe de la Diſſonance qui, comme je l'ai dit au même endroit, pouvoit y entrer : ces *Cadences* naiſſent effectivement de la même ſucceſſion fondamentale ; & c'eſt aux Compoſiteurs & aux Accompagnateurs à en ſçavoir faire leur profit.

On peut s'appercevoir que ces *Cadences*, & la ſucceſſion des Accords Diſſonans fourniſſent, un double emploi à l'Accord de la *Seconde* : c'eſt une affaire de Théorie, dont j'ai déja averti dans mon nouveau Syſtême*, & dont le Muſicien ne peut ſe refuſer la connoiſſance ; Mais quant à la pratique de l'Accompagnement, l'*Accord de la Tonique* eſt ſuffiſant pour faire connoître ce qui en doit être, & pour engager les Doigts à obſerver la marche qu'ils doivent tenir, lorſqu'il paroît immédiatement après celui de ſa *Seconde*.

*Chap. 13. & 17.

Voilà tout le fond de l'Harmonie ſucceſſive, & par conſéquent tout le fond de l'Accompagnement : deux mois au plus doivent vous en fournir la pratique, ſupoſé que vous ayez déja les Mains

E

exercées sur le Clavier ; & si avec cela, vous avez la facilité
d'exécuter la Basse sur la Musique, vous devez être bien-tôt
après, en état d'Accompagner à livre ouvert.

Moyens de joindre la Basse aux Accords.

Quand on sçait pratiquer ces trois successions fondamentales,
on y joint une Basse des plus simples, & l'on a soin de les entrelasser d'une manière qui réponde à la succession des Accords
Consonans.

Par exemple, la succession des Accords Dissonans doit avoir
pour la plus simple Basse, une succession entrelassée de *Quintes*
en descendant, & de *Quartes* en montant ; & celles des *Con-*
sonnes doit en avoir une de *Tierces*, toujours en descendant, ou toujours en montant ; ce qui rapelle la première Règle fondamentale.

Ces Basses sont, par tout, fondamentales ; & à l'égard des *Ca-*
dences, la seule *Tonique* doit servir de Basse aux trois Accords qui
les forment successivement ; d'où quand la Basse descend de
Tierce, la *Quinte* de la *Tonique* que l'on quitte, monte seule sur
la *Tonique* où l'on passe ; & quand au contraire la Basse monte
de *Tierce*, l'*Octave* de la *Tonique* que l'on quitte, descend seule sur la *Quinte* de celle où l'on passe * ; pouvant ainsi pratiquer
en cette façon, un Accord avec la Basse par *Tierces*.

Tout l'art qu'il faut observer entre la Basse & les Accords,
c'est qu'il faut que cette Basse & le Doigt par où commence
l'Accord, frapent leurs Notes absolument ensemble ; les autres Doigts qui achèvent l'Accord, tombant ensuite comme
d'eux-mêmes ; supposé qu'on ait pris l'habitude, comme on a
dû d'abord, d'harpéger tous les Accords ; en les faisant commencer par le plus bas des Doigts ; c'est-à-dire par le ?

Huit jours, au plus, donnent, par ce moyen, la facilité de
joindre la Basse aux Accords ; & remarquez bien que c'est une
erreur de la faire joindre d'abord à ces Accords ; trop d'objets
y occupent pour lors ; & sans parler des réflexions que cela exige, c'est que les Mains se gênent, se roidissent infailliblement
dans l'exécution ; car dès que l'esprit est tendu, les ressorts de la
machine en souffrent ; cela empêche même qu'on puisse y porter son attention ; d'où les habitudes nécessaires sont extrêmement retardées.

Il ne faut pas douter que la facilité d'exécuter la succession
des Accords n'influe beaucoup sur la Basse : N'êtes-vous plus oku-
pé des Accords, vous êtes tout entier à votre Basse ; mais si selon les Règles ci-dessus, chaque Accord vous demande une au-

tention particuliere, comment y pourrez-vous suffir, & à la Baſſe en même temps ?

Quoique ces trois ſucceſſions fondamentales renferment tout le
fond de l'Accompagnement, auſſi-bien que de l'Harmonie, elles
ſouffrent cependant quelques Accords de plus, & quelques mo-
difications, dont il faut être néceſſairement inſtruit.

L'Accord qui ſuit celui de la *Tonique*, eſt toûjours arbitraire:
ainſi voyons quels autres Accords Diſſonans que ceux que nous
connoiſſons déja, peuvent lui ſuccéder.

Il faut diſtinguer cette ſucceſſion en deux Claſſes, l'une pour
le *Ton* qui éxiſte, & l'autre pour changer de *Ton*.

L'Harmonie ſucceſſive ne peut être agréable, s'il ne s'y rencontre quelques liaiſons d'un Accord à un autre : la choſe ne
nous plaît qu'autant que nos déſirs y ſont accomplis ; nous y
déſirons, il eſt vrai, ſans ſçavoir préciſément ce que c'eſt : mais
conſultons, pour un moment, la nature.

Les ſons dont ſe compoſe l'Accord d'une *Tonique* nous affec-
tent les premiers, ils reſtent imprimez en nous, & ſi nous n'en-
tendons plus à leur ſuite ce qui nous les a d'abord rendus agréa-
bles, du moins l'un d'eux doit-il être conſervé, pour que notre
ſatisfaction ne ſoit pas abſolument éteinte : la ſucceſſion fondamentale des Accords Conſonans en eſt une preuve ; les deux
autres ſucceſſions s'y aſſujettiſſent ; & pour le démontrer, on n'a
beſoin que d'un fait d'expérience que je ne rapelle point ici,
parce que ce n'en eſt pas le lieu.

Les ſons qui ſe conſervent ainſi d'un Accord à un autre, en
font néceſſairement ſentir la liaiſon ; par ce moyen, leur ſucceſſion nous devient agréable.

Il ne s'agit donc, pour trouver tous les Accords Diſſonans qui
peuvent ſuccéder au Conſonant, que d'examiner combien il s'en
peut former, en y conſervant une des Notes de l'Accord de la
Tonique.

Il y a trois Notes différentes dans l'Accord de la *Tonique*, cette
Tonique, ſa *Tierce* & ſa *Quinte* : chacune d'elles peut être jointe
par ſa voiſine au-deſſus, ou au-deſſous ; voilà donc ſix Accords
Diſſonans poſſibles après celui de la *Tonique* : mais il y en a à ra-
batre, ſur tout quand on ne veut point changer de *Ton*.

Si l'on joint la *Tonique* avec ſa voiſine au-deſſous, cette voiſine
en formera pour lors la *Septiéme*, dont elle ſera fondamentale ;
mais non pas comme *Tonique* : D'où, pour lui conſerver le titre
de *Tonique*, il faut néceſſairement exclure la *Septiéme* de ſon Ac-

E ij

Des diffé-
rens Accords
Diſſonans
qui peuvent
ſuccéder au
Conſonant.

cord : excepté que ce ne soit pour faire trouver plus aisément
sous les Doigts l'Accord Dissonant qui vient ensuite : car il ne
s'agit pour lors que d'ajoûter la Note voisine au-dessous de la
Tonique à l'Accord de cette *Tonique* déja sous les Doigts ; & pour
cela on a toûjours un quatriéme Doigt tout prêt à tomber sur
la Touche qui la forme.

Si l'on joint la *Tierce* de la *Tonique* avec sa voisine au-dessous,
cela formera une Dissonance trop désagréable ; en ce que non-
seulement cette Dissonance ne sera point liée à l'Accord qui l'aura précedée ; mais encore parce qu'il ne s'y trouvera rien de sensible qui puisse l'y faire suporter.

Si la liaison est nécessaire d'un Accord à un autre entre les
Consonances ; elle doit l'être à plus forte raison, entre les Dissonances ; & dans le cas où cela n'arrive pas sans déplaire, ce
ne peut être qu'à la faveur d'une *Note sensible* qui annonce pour
lors la *Tonique* & son Accord.

Si nous sommes donc forcez d'exclure la jonction de la *Toni-*
que & de la *Tierce* avec leurs voisines au-dessous ; sur-tout dès
qu'on veut conserver le même *Ton* de six Accords Dissonans qui
peuvent succeder immédiatement à celui de la *Tonique*, il ne
nous en reste plus que quatre.

De ces quatre Accords, nous en connoissons déja deux ; l'un
où la *Tonique* est jointe par sa voisine au-dessus, c'est l'Accord de
sa *Seconde* ; & l'autre où la *Quinte* est jointe par sa voisine au-dessous, c'est l'*Accord sensible* : de sorte qu'il ne nous manque plus
que les deux, où la *Quinte* & la *Tierce* seront jointes par leurs
voisines au-dessus.

L'Accord Dissonant où la *Quinte* est jointe par sa voisine au-
dessus, se forme d'une *Sixte* ajoûtée à l'Accord de la *Tonique* ;
cette *Sixte* devient pour lors fondamentale de l'Accord : & pour
la trouver sous les Doigts, il ne s'agit que de laisser tomber le
Doigt inutile dans l'Accord de la *Tonique*, auprès de son voisin
au-dessous ; excepté que si cet Accord de la *Tonique* est par *Tier-*
cès, le 3 s'y substitüe pour lors au 2, pour porter celui-ci une
Tierce plus bas ; ou bien encore, on y substitüe le 3 au 4, & le
4 au 5, pour placer celui-ci sur la Touche voisine au-dessus
de celle qu'il occupoit.

Pour ce qui est de l'Accord Dissonant, où la *Tierce* est jointe
par sa voisine au-dessus ; on en use à l'égard de cette *Tierce* avec
laquelle la *Quarte* fait *Seconde*, comme à l'égard de la *Tonique*
pour trouver l'Accord de sa *Seconde*. Connoissez-vous le Doigt

qui touche la *Tierce* dans l'Accord de la *Tonique*, placez son voifin au-deſſus ſur la Touche voiſine au-deſſus de cette *Tierce*, &
arrangez les autres par *Tierces*, ou bien ſi cette *Tierce* eſt ſous le
5, arrangez tous les Doigts par *Tierces* depuis ce 5. *en descendant*

Toutes ces Notes qui viennent joindre ici l'une de celles de
l'Accord de la *Tonique*, ſont fondamentales, excepté dans l'*Ac-*
cord ſenſible.

Il eſt tout naturel que la nouvelle Note, qui s'inſere dans
l'Accord de la *Tonique*, ou qui vient ſimplement y joindre l'u-
ne de ſes Conſonances, ſoit fondamentale, pour qu'elle y amé-
ne quelque choſe de nouveau; & c'eſt la raiſon pour laquelle
aucune des voiſines au-deſſous n'y eſt reçue, ſi ce n'eſt dans
l'*Accord ſenſible*, pour annoncer celui de la *Tonique*.

Il y a, de plus, un Accord hétéroclite amené par la *Suſpen-*
ſion, & appellé Accord de *Quarte*, qui peut ſuivre celui de la
Tonique; mais ce n'eſt que l'Accord de la *Seconde* dont on retranche une partie de l'Harmonie: car faites deſcendre pour lors ſur
la *Seconde* de la *Tonique*, le Doigt qui en touche la *Tierce*, & conſervez le reſte de l'Accord de cette *Tonique*, vous aurez l'Ac-
cord en queſtion. *auvement faire le ___ de la tonique ainſi que cy deſſus et au lieu de m*

Si cet Accord de *Quarte* ſuit un Diſſonant, conſervez les *la, deux doiy en tierce*
deux Doigts joints, ou les deux extrêmes quand ils ſont tous *mettz quine quarte au*
par *Tierces*, & ajoûtez-y un troiſiéme Doigt ſeulement, à la *ou au deſſoy*
Quarte de ſon voiſin, n'importe de quel côté, ſa conſtruction y
ſera toûjours la même. *cela regarde la quarte qui ſe place apres l'accord deſcende*

Je conſerve à cet Accord le nom de *Quarte*, ſelon l'uſage;
parce qu'à la réſerve des deux Doigts joints qui peuvent s'y rencontrer, les autres ſont toûjours éloignez d'une *Quarte*.

Quand le *Ton* change, c'eſt pour lors qu'on peut ajoûter la *uſage de la 7: de la*
Septiéme de la *Tonique* à ſon Accord; mais cette *Septiéme* y eſt
preſque toûjours le *Ton* au-deſſous de cette *Tonique*, & aide
le plus généralement à former l'*Accord ſenſible* du *Ton* où l'on
va paſſer.

Qui plus eſt, tous les Accords précédens deviennent communs
aux deux *Tons* ſucceſſifs; la *Sixte* ajoûtée, ou la *Quarte* jointe
à la *Tierce*, peut devenir l'*Accord* de la *Seconde*, & celui-ci peut
devenir le *Senſible*, à la différence près de l'un des intervalles qui
peut y changer de genre, c'eſt-à-dire, de *Majeur* en *Mineur*, ou
de *Mineur* en *Majeur*.

De-là, ſi l'Accord de *Quarte* tient lieu de celui de la *Seconde*
du *Ton* que l'on quitte, il tient lieu, en même tems, de l'Accord

sensible du *Ton* où l'on passe.

On employe toujours dans ces différens Accords les Notes affectées au *Ton* qui existe, & si quelques intervalles viennent à y changer de genre, par rapport au *Ton* où l'on passe, c'est l'affaire du Signe.

Si l'on peut encore changer de *Ton*, en passant d'une Tonique à une autre, ou à un *Accord* *sensible* qui n'ait rien de commun avec celui de cette premiere *Tonique*, c'est encore l'affaire du Signe.

Si la *Cadence parfaite* peut être *rompue*, en y faisant monter la Basse fondamentale de *Seconde*; si elle peut être encore *interrompue*, en y faisant descendre la Basse fondamentale de *Tierce*, lorsque par tout, cette Basse devroit naturellement descendre de *Quinte*; si ce qui derive de cette *Cadence*, comme la succession des Accords Dissonans, peut jouir du même privilége; & si de-là naissent des *suspensions*, & des changemens du *Ton*, c'est toujours l'affaire du Signe; car il ne s'agit que d'y faire descendre un Doigt de plus, ou de moins, sinon, d'y admettre l'Accord d'une autre *Tonique*, que celle qu'annonce, en ce cas, le *sensible*; sans déroger pour cela, aux successions légitimes, où la Note *sensible* monte toujours sur la véritable *Tonique*, & où des deux Doigts joints, le plus bas descend toujours, sinon, le quand ils sont tous par *Tierce*.

Un *Accord* *sensible* d'une nouvelle construction peut se présenter encore, soit en conservant le même *Ton*, soit pour en changer; mais il suffit pour lors d'en connoître la *Note* *sensible*; le Signe fait le reste.

Ce que je fais dépendre ici du Signe, ne consiste que dans la manière d'indiquer combien de Doigts il faut faire descendre après un Accord Dissonant; quelle est la nouvelle *Tonique*, ou la nouvelle *Note* *sensible*, dont il faut faire l'Accord; ou bien quelle est la *Note* dont il faut toucher le *Dieze*, ou le *Bémol*, & quel est en même temps le Doigt qu'il faut y faire passer, ce qui n'amène rien de nouveau dans la Méthode; connoissez-vous l'Accord Dissonant qui doit suivre le Consonant, il ne vous reste plus rien à sçavoir que ce que vous sçavez déja; car après cet Accord Dissonant, ne peut suivre qu'un Consonant, ou un autre Dissonant; Donc vous rentrez dans les deux dernieres Régles de succession; si au contraire, un Consonant suit l'autre, c'est la premiere Régle de succession.

Principe de   Ce qui rend arbitraire l'Accord Dissonant qui doit suivre le

Confonant, c'est la nécessité d'alonger, ou d'abréger la Phrafe
Harmonique, nécessité encore plus déterminée dans la Mufique Vocale, que dans l'Inftrumentale.

Le même principe qui admet le paffage d'un Accord Confonant à un autre, admet également celui d'un Confonant à un
Diffonant, parce qu'il y a même fondement de part & d'autre,
& par conféquent même fucceffion fondamentale.

La fucceffion fondamentale de *Tierce* en montant, n'eft cependant libre que pour changer de *Ton*; encore faut-il que ce foit
par un nouvel *Accord fenfible*; mais en revanche l'Accord de la
Seconde introduit dans les *Cadences*, trouvant un fondement réel
dans cette *Seconde* même, nous procure une fucceffion fondamentale en montant d'une *Seconde*, pour paffer de l'Accord Confonant, au Diffonant.

Voulez-vous enfuite paffer d'un Accord Diffonant à un autre, le principe de cette fucceffion fe reftreint pour lors dans
des bornes plus étroites; & dès que vous y conferverez le même
Ton, ce principe n'eft autre que celui de la *Cadence parfaite*, fub
lequel j'ai effectivement établi la plus générale fucceffion des
Accords Diffonans.

Si le *Ton* n'eft fenfiblement déterminé que par la *Cadence parfaite*, il eft tout naturel que ce principe nous conduife, du moins
lorfque nous déguifons le *Ton* par une fuite continuelle de Diffonances; qui plus eft, fi ce *Ton* n'a pour toute principe de fucceffion, qu'une marche fondamentale par *Quintes* *, & fi nous ne
pouvons y faire ufage de la *Quinte* en montant, pour éviter la
Diffonance, conformément aux Régles que la nature nous a inf-
pirées de tour tems; il ne nous y refte donc plus que la *Quinte* en
defcendant, c'eft-à-dire, la *Cadence parfaite*: toute autre fucceffion
fondamentale, foit de *Seconde* en montant, foit de *Tierce* en defcendant, naiffant de l'interruption de cette *Cadence parfaite*, ce qu'on
apelle *Cadence rompue*, & *Cadence interrompue*, deforte qu'il s'agit
pour lors d'un changement de *Ton*, ou du moins d'une *fufpenfion*.

N'ayant nul égard ici au changement de *Ton*, ni à la *fufpenfion*,
nous pouvons juger, tant parce que nous venons de reconnoître
que par la fucceffion des Accords Diffonans, quel eft le Diffonant qui doit fuivre le Confonant, pour rendre la Phrafe Harmonique plus ou moins longue, & quels font ceux dont ces Diffonant doit être fuivi, même jufqu'à la fin de la Phrafe.

L'Accord de *Tierce-Quarte* eft celui par où commence les
plus longues Phrafes: après lui viennent fucceffivement deux au-

tres Accords Dissonans, lesquels n'étant point compris parmi ceux qui peuvent succéder immédiatement à l'Accord de la *Tonique*, ne méritent pas qu'on y fasse attention : le principe de leur succession, & la marche des Doigts dans la Métode, où ils descendent toûjours de deux en deux, suffisent pour les faire connoître & pratiquer : mais d'abord après ces deux-là, paroissent successivement l'Accord où la *Sixte* est ajoûtée, celui de la *Seconde*, & le *Sensible* qui annonce l'Accord de sa *Tonique*.

Voulez-vous abreger la Phrase, prenez l'Accord où la *Sixte* est ajoûtée, les deux autres que je viens d'énoncer à sa suite, le suivront par conséquent.

Voulez-vous abreger d'avantage cette Phrase, prenez l'Accord de la *Seconde*, après lequel viendra le *Sensible*.

Voulez-vous encore l'abreger d'avantage, prenez d'abord l'Accord *sensible*.

De-là vous concluez que l'Accord où la *Sixte* est ajoûtée doit précéder celui de la *Seconde*, & celui-ci le *Sensible* ; dès qu'aucun des deux derniers ne peut être précédé immédiatement de celui de la *Tonique*.

La Phrase peut être également abregée avec l'Accord de la *Seconde*, & avec le *Sensible*, selon l'ordre des *Cadences* : ce qui dépend de la *Cadence* qu'on y veut employer.

Toutes ces Phrases peuvent être alongées par la *Suspension* de la *Quarte*, entre l'Accord de la *Seconde*, & le *Sensible*, & entre ce dernier & celui de la *Tonique* : mais on ne fait qu'augmenter pour lors la durée de ces deux Accords Dissonans, de la *Seconde* & du *Sensible* : puisqu'on y conserve les mêmes Dissonances, & le même fondement ; comme on en doit juger sur ce que j'en ai dit à la page 37.

Une autre *Suspension* que celle de la *Quarte* peut se trouver entre l'Accord *sensible*, & celui de la *Tonique* : mais cela n'est rien dans la pratique. Un seul Doigt à descendre, au lieu de deux, en fait tout le mystére.

S'il y a de la différence entre ces deux sortes de *Suspension*, remarquez qu'elle ne consiste que dans le choix de l'un des deux Doigts qui doivent descendre d'un Accord Dissonant à un autre, ou à un Consonant, pour le faire descendre seul : Prenons, par exemple l'Accord *sensible*, *Sol*, *Si*, *Ré*, *Fa*, dont *Ré*, & *Fa* doivent descendre pour former l'Accord Dissonant qui lui succedera, ou bien pour former l'Accord de la *Tonique* *Ut*, *Si* vous ne faites descendre que *Ré*, vous formerez pour lors l'Accord de *Quarte* en

en y confervant les deux Doigts extrêmes, fur *Sol*, & fur *Fa* : &
fi vous ne faites defcendre que *Fa*, vous formerez pour lors l'autre *Sufpenfion*, où defcendra effectivement le Doigt fenfiblement
connu, pour devoir defcendre le premier.

Il n'y a dans tout cela qu'un jeu de Doigts, un badinage,
dont il fuffit d'être averti, pour ne pouvoir s'y tromper; fur
tout quand on a un Signe propre pour en rapeller l'idée.

Il peut fe trouver par tout, même après chaque Accord de
la plus longue Phrafe, des *Sufpenfions* pareilles aux précédentes :
mais le *Ton* change pour lors autant de fois; fans qu'il en réful-
te rien de nouveau pour la pratique.

Dans ces mêmes Phrafes peuvent fe trouver des imitations
de la *Cadence rompüe*, où pour lors il y a trois Doigts à defcendre; la véritable *Cadence rompüe* n'ayant jamais lieu qu'après l'*Accord fenfible*, qui eft pour lors fuivi de l'Accord d'une autre *Tonique* que la fienne; fans déroger, pour cela, aux fucceffions légitimes; comme je l'ai déja dit.

On prend quelques-fois la licence de ne point rendre *fenfible*
l'Accord Diffonant qui précéde le Confonant, & cela dans la fucceffion fondamentale d'une *Cadence rompüe* : mais la pratique en
eft la même; le Signe difpenfe d'y faire attention.

L'arbitraire qui regne ici entre les Accords Diffonans qui peuvent fucceder au Confonant, a donc pour principe, comme on
n'en doit pas douter, le plus ou le moins d'étendüe qu'on veut
donner à une Phrafe harmonique; ce qui n'eft pas toûjours obfer-
vé bien régulierement, fur tout relativement au fens des paroles
dans la Mufique vocale; quoique ce foit, cependant, un moyen
d'augmenter la force de l'expreffion.

L'Accord Diffonant qui doit fuivre le Confonant étant décidé,
vous fçavez d'abord par la marche des Doigts de deux en deux,
de quel autre Accord il doit être fuivi; & fi cette marche vient
à être interrompüe, vous le connoiffez fur le champ par un Signe
qui ne peut vous le laiffer échaper; d'où vous êtes en état de raporter le tout à fon principe, quand vous le jugez à propos.

On pourroit m'objecter ici un cas qui dépend de la *Cadence ir-
réguliere*, c'eft à dire, d'une fucceffion fondamentale en montant
de *Quinte*; où pour lors on paffe de l'Accord de la *Sixte* ajoûtée, au *Senfible*, fans admettre, entre deux, celui de la *Seconde* :
mais outre que c'eft une licence, cela n'eft de nulle conféquence dans la Métode.

En attendant que je puiffe juftifier toutes ces véritez, par une

E

démonstration évidente, les Ouvrages de Musique composez &
à composer, m'en seront garants; je dis à composer, parce que
la nature est une, & qu'elle guidera toûjours le Musicien comme
elle l'a guidé jusqu'ici, quant au fond de l'Harmonie: pour preuve de cela, ne vous attachez qu'à satisfaire votre Oreille dans
vos productions, sans vous y occuper d'aucune Régle; vous les
trouverez infailliblement, dans l'ordre des successions proposées;
pourvû que vous soyez capable d'en juger vous-même: car les
plus grands talens pour un Art, n'en supposent pas toûjours la
connoissance; au contraire, ils nous éloignent le plus souvent
des recherches nécessaires, pour arriver à cette connoissance:
nous croyons sçavoir, parce que nous sentons; & nous nous en
tenons volontiers à ce seul sentiment: mais en ce cas, raportez-
vous-en à ceux dont les lumieres ne vous seront point sus-
pectes.

Toute bonne Musique, toute Musique qui plaît est nécessairement dans l'ordre de ces successions: mais l'Oreille a beau
nous y conduire heureusement; sans une profonde connoissance, nous ne sommes point à l'abri de nous tromper dans nos
Jugemens sur les routes qu'elle nous y a dictées: ici nous con-
fondons la *Supposition* & la *Suspension* avec l'Harmonie fondamentale; là nous prenons une Note de goût pour une Note d'Harmonie, ou bien nous prenons celle-ci pour une Note de goût;
ici nous *Romppons* ou *Interrompons* une *Cadence* qui devroit être *Parfaite*, ou bien nous la rendons *Parfaite*, lorsqu'elle devroit être
Rompuë, ou *interrompuë*; ce qui doit s'entendre également dans l'i-
mitation de ces *Cadences*; là nous attribuons à un *Mode*, ou *Ton*, ce
qui appartient à un autre. Ici nous ne nous embarrassons nullement
de la succession naturelle des Consonnances, pas même quelques-
fois, de celle des Dissonances; là nous faisons syncoper l'Harmonie,
contre l'ordre même de ces routes que l'Oreille nous a dictées;
enfin rien n'est plus commun, parmi nous, que ces sortes d'erreurs; nous en avons la preuve en main, cela ne se peut cacher,
nos Chiffres en font foy: voyez, par exemple, ce qui regarde
Corelli sur ce sujet, dans le XXIII.e Chapitre de mon Nouveau
Systême; encore n'y ai-je pas poussé mes Observations à beaucoup
près aussi loin qu'on le pourroit. Or, pourquoi le chiffre ne ré-
pond-il point ici à la perfection de la Musique? C'est que l'un est
l'Ouvrage du Jugement, au lieu que l'autre peut n'être que l'Ouvrage de l'Oreille: & comment se pourroit-il, en effet, qu'on eût
agi des deux côtez par les mêmes ressorts, puisque l'un dément

les perfections de l'autre?

Parlons maintenant des Signes, en observant à combien d'Accords se réduit la nouvelle Métode.

Nous avons pour tout Accord, celui de la *Tonique*, celui de sa *Seconde*, son *sensible*, celui de sa *Septiéme*, celui de sa *Sixte* ajoûtée, celui de la *Tierce-Quarte*, & celui de la *Quarte*; les autres ne sont nullement à considérer, parce que la Méchanique des Doigts annoncée les fournit, sans qu'on soit obligé d'y penser: Donc de vingt-cinq, reste à sept; & de ces vingt-cinq, dont chacun doit se raporter à différentes Notes du *Ton*, en voici sept, dont chacun ne doit se raporter qu'à la seule *Tonique*; si vous sçavez sous quel Doigt est cette *Tonique*, où sa *Tierce*, aucun de ces sept Accords ne peut vous échaper, en apercevant son Signe.

L'Accord de la Seconde sera marqué, d'un   2.
L'Accord Sensible d'un   x.
L'Accord de la Septiéme, d'un   7.
L'Accord de la Sixte ajoûtée, d'un   aj
L'Accord de la Tierce-Quarte, d'un $\frac{3}{4}$
L'Accord de la Quarte, d'un   4.

Chacun de ces Accords se raportera directement à la *Tonique*, dont le Signe précedera toûjours le leur.

2. signifira la *Seconde* de la *Tonique*; d'où l'Accord de la *Seconde* sera connu.

x. signifira la *Note sensible* de la *Tonique*; d'où l'Accord *sensible* sera connu.

7. signifira la *Septiéme* de la *Tonique*; qu'il suffira d'ajoûter à l'Accord de cette *Tonique*.

aj signifira la *Sixte* de la *Tonique* ajoûtée à son Accord: mais j'entens que pour lors on perde l'idée de *Sixte*, & que l'on conserve seulement celle de l'*Ajoûté*, que doivent nécessairement rapeller les deux premieres lettres aj de ce mot: ayant déja expliqué page 36, de quelle maniére cette *Sixte* s'ajoûte à l'Accord de la *Tonique*.

$\frac{3}{4}$ signifiront la *Tierce* & la *Quarte* de la *Tonique*: de sorte qu'ayant déja la *Tierce* sous un Doigt, & sçachant quel est ce Doigt qui la touche, le reste de l'Accord est trouvé, selon ce que j'en ai déja dit.

4. signifie la seule *Seconde* de la *Tonique*, où il s'agit seulement

de glisser le Doigt qui est sur la *Tierce* de cette *Tonique.*

Si le chiffre 4 ne présente pas l'idée de *Seconde*, il rapelle du moins celle de la disposition des Doigts dans l'Accord de *Quarte*, selon ce que j'en ai touché à la page 37.

Prenez l'Accord de telle *Tonique* qu'il vous plaira, choisissez parmi ces derniers, celui que vous voudrez lui faire succeder, supposé que vous ayez fait quelqu'attention à la manière dont j'ai dit que chacun de ces Accords se trouve sous des Doigts après celui de la *Tonique* ; vous serez peut-être surpris de la facilité avec laquelle vous l'exécuterez ; je dis que vous serez surpris, attendu ce qu'il en a coûté jusqu'ici pour cela ; car rien n'est plus simple dans le fond : vous pourrez voir ensuite qu'un Accord ainsi trouvé vous viendra lieu le plus souvent de cinq, & même de sept, selon l'éxemple de la page 12 ; supposé que vous connoissiez les différentes Notes de Basse qui peuvent le porter, & qui ont occasioné assez mal-à-propos les distinctions qu'on en a faites.

Si après l'Accord Dissonant ainsi trouvé, vient un Consonant, la Lettre préposée à cet effet l'indiquera ; mais ce ne pourra jamais être pour lors qu'après l'Accord de la *Seconde*, le *Sensible*, ou celui de la *Quarte*, attendu que ce dernier vient toûjours lieu de l'un des deux précédens, comme je l'ai déja dit ; ne le répétant ici que pour prouver que je ne m'écarte pas de ma première Régle donnée dans les *Cadences*, page 22, sçavoir ; que l'Accord Consonant ne pouvoit jamais être précédé d'aucun autre Dissonant que du *Sensible*, ou de celui de la *Seconde* ; même dans la *Cadence rompûe* ; où toute la différence qu'il y a, consiste à voir paroître à la suite d'un *Accord sensible*, un autre Consonant que celui qu'éxige naturellement cet *Accord sensible*.

Si après l'Accord Dissonant en vient un autre, ce n'est plus que l'affaire des Doigts, où pour lors on les fait descendre alternativement : Or comme par la Régle fondamentale de la succession des Accords Dissonans, on sçait quels Doigts il faut faire descendre les premiers, des Points suffisent pour marquer cette succession : un Point marquera un Doigt à descendre, deux Points, l'un sur l'autre, ainsi, marqueront deux Doigts à descendre ; & trois Points l'un sur l'autre, ainsi, marqueront trois Doigts à descendre ; avec cette réserve, que le plus haut des Points, de même que le Point seul, indiquera toûjours le premier Doigt qu'il faut faire descendre ; sçavoir, le plus bas des deux joints, sinon le, quand ils sont tous par *Tierce*.

Sçachant quels *Dièzes* ou *Bémols* entrent dans le *Ton*, dont le

Signe aura parû, & à l'occasion duquel on aura fait l'Accord de la *Tonique*, on ne manquera pas de les employer dans le courant des Accords, depuis ce Signe du *Ton*, jusqu'à celui qui viendra ensuite ; mais si dans ce courant d'Accords, vient un nouveau *Diéze*, ou *Bémol*, on le trouvera pour lors à la place d'un Point, soit seul, soit au-dessus, soit au-dessous d'un Point.

Le nouveau *Diéze*, ou *Bémol* occupera presque toûjours la place du plus haut des Points, d'où le Doigt indiqué, par ce moyen, pour y descendre, sera sensiblement connu, le plus bas des deux joints, ou le 5, s'ils sont tous par *Tierces*.

Le Signe de la *Note sensible* est, en ce cas, le même que celui du *Diéze* ; & l'un & l'autre Signe vous dit qu'il faut toûjours faire descendre le Doigt connu d'un *demi Ton*, c'est-à-dire, sur la Touche la plus voisine au-dessous de celle qu'il occupe.

Le *Bémol* avertit, au contraire, qu'il faut toûjours faire descendre le Doigt connu sur une *Touche-Bémole* ; car si la Touche devoit être pour lors naturelle, on trouveroit un *Béquarre*, au lieu du *Bémol* ; & même au lieu du *Diéze* : ayant soin de n'employer jamais ces Signes que relativement aux Touches, comme cela convient d'ailleurs au rapport des *Tons* successifs : Observation très-nécessaire pour la facilité de l'Accompagnement, & même pour l'intelligence de la Musique dans l'éxécution, dont cependant on n'a fait nul cas jusqu'ici : on ne voit que piéges tendus dans ces sortes d'occasions.

Si le *Diéze*, ou le *Bémol* occupe la place du plus bas des deux Points, ce qui est très-rare, cela regarde pour lors le plus bas des deux Doigts qu'il faut faire descendre ensemble : mais en ce cas le nouveau *Diéze* ou *Bémol* est toûjours celui qui vient immédiatement à la suite du dernier, qu'a exigé le *Ton* jusques-là ; moyen par lequel on ne peut jamais se tromper, quand on sçait parfaitement la Gamme des *Diézes* & des *Bémols*.

Quand la succession des Accords Dissonans est une fois familiere aux Doigts, on peut se mettre à l'épreuve, dans l'espace de deux ou trois jours, de trouver sur le champ tout nouveau *Diéze* ou *Bémol*, indiqué par son Signe à la place d'un Point.

Si la *Tonique* est une Note *Diézée* ou *Bémolizée*, on joint pour lors le Signe du *Diéze*, ou du *Bémol* à la Lettre qui l'indique.

Si cette *Tonique* doit porter une *Tierce majeure* ou *mineure* accidentelle, on trouve pour lors un *Diéze*, ou un *Bémol* au-dessus de la Lettre qui l'indique ; ce *Diéze* ou ce *Bémol* tenant toûjours lieu du plus haut des Points, après un Accord Dissonant.

S'il vient un *Accord sensible* accidentel, il sera marqué de la même Lettre qui indique la *Tonique*, avec cette différence que le Signe de l'*Accord sensible* y sera joint, d'où connoissant que telle Note est pour lors la *sensible*, tout le reste de l'Accord sera trouvé par la Régle donnée sur ce sujet à la page 30.

Si l'Accord de la *Seconde* doit former le *Sensible*, on voit pour lors $\frac{x}{2}$, d'où l'on conçoit deux choses; premièrement que le 2 se raporte à la *Tonique* d'auparavant, & que l'x se raporte à celle qui vient ensuite; secondement que la *Tierce* au-dessus des deux Doigts joints, doit être *majeure*.

Si l'*Accord sensible* doit former celui de la *Seconde*, on voit pour lors $\frac{x}{2}$ avec un *Bémol*, ou un *Béquare* joint à l'x; pour vous dire d'arranger vos Doigts de même que dans l'*Accord sensible* du *Ton* dont le Signe a précédé, en y substituant seulement à la *Touche* qui forme la *Note sensible*, son *Bémol* ou son *Béquare*, & qu'en ce cas vous faites l'Accord de la *Seconde* du *Ton* qui vient ensuite.

Si l'*Ajoûté* devient *Seconde*, il n'y a jamais de changement, si ce n'est que dans les *Tons-Mineurs* cet *Ajoûté* doit être sur un *Béquare*, ou sur un *Diéze*; en quel cas on joint ce Signe à celui de l'*Ajoûté*, qui vous dit pour lors ajoutez *Béquare* ou *Diéze*.

Si l'Accord de *Tierce-Quarte* devient celui de la *Seconde*, on voit pour lors un *Béquare*, ou un *Diéze* joint au chiffre 4, pour avertir que la Touche voisine au-dessus de la *Tierce* doit être *Béquare*, ou *Diéze*.

Si ce dernier Accord devient l'*Ajoûté*, rien n'y change; c'est pourquoi je n'en ai pas d'abord fait mention.

L'Accord de *Quarte* est toujours le même, quoiqu'il arrive, parce que les Notes voisines, qu'on y conserve seules, appartiennent également à l'Accord de la *Seconde* du *Ton* qui a précédé, & à l'*Accord sensible* du *Ton* qui vient ensuite.

Réflexions sur la Quarte imaginaire Dissonante.

Ce n'est que pour tenir l'Auditeur en suspend qu'on s'est avisé de dépouiller ainsi l'Harmonie de l'Accord de la *Seconde* & du *Sensible*, pour en former, en apparence, un nouvel Accord qui y tienne le milieu; mais comme le seul sentiment y a conduit le Musicien, il a pris ce dépouillement d'Harmonie pour une nouvelle Harmonie dans le fond; & sans examiner d'où naît en nous l'impression de la Consonance & de la Dissonance, sans avoir égard seulement à l'effet qu'il éprouve de la *Quarte*, de la *Seconde* ou de la *Septiéme*, chacune en particulier, il a taxé ici la *Quarte* de Dissonance; pendant que l'effet de la Dissonance que

nous y éprouvons vient directement de la *Seconde*, ou de la *Sep-*
tiéme, & nullement de la *Quarte*. J'espere démontrer ce fait dans
un Ouvrage de Théorie, que je donnerai bien-tôt.

Continua-
tion des Si-
gnes.

S'il vient un *Accord sensible* de nouvel construction, comme je
l'ai déja annoncé, un *Bémol* placé au-dessous de son Signe en
procurera la pratique sur le champ; ce *Bémol* signifiant que
la *Tierce* au-dessous de la *Note-sensible* doit être *Mineure*, & qu'en
un mot, de quelque Doigt qu'on touche la *Note-sensible* indiquée par son Signe, il n'y a qu'à les arranger tous par *Tierces-*
Mineures, relativement à cette *Note-sensible* déjà sous un Doigt.

Qui dit *Tierces-Mineures*, dit les plus petites *Tierces* possibles sur
le Clavier; & si l'une des *Tierces* y forme pour lors *Seconde super-*
fluë, cette distinction est inutile dans la pratique.

Réduction
de douze, &
même de trei-
ze Accords
selon l'usa-
ge, en un
seul.

L'usage a toûjours fait distinguer ce dernier Accord en Cinq,
sçavoir, en Accords de *Septiéme diminuée*, de *Seconde superfluë*,
de *Sixte Majeure* avec la *fausse Quinte*, de *Triton* avec la *Tierce-*
Mineure, & de *Septiéme superfluë* avec la *Sixte Mineure*; on a même oublié d'y comprendre encore la *Quinte superfluë* avec la
Quarte; nul n'en a parlé, nul de l'a mis en pratique. Or il y a si
peu de différence entre ce nouvel *Accord sensible*, & celui de l'e-
xemple inséré dans la page 2, qu'on peut les regarder quasi comme un même Accord; une *Tierce-Majeure* renduë *Mineure*, ou *Se-*
conde superfluë, en fait toute la différence; un seul *Bémol* vous
met au fait de cette différence dans la pratique: Donc je puis dire encore que d'un seul Accord on en a fait douze; ou bien
que de ces douze Accords, auxquels j'en ajoûte un de plus; sçavoir, la *Quinte superfluë* avec la *Quarte*, je n'en fais qu'un.

Il n'y a point d'accidens prévus, & non prévus, dans les Accords, qui ne puissent être indiqués ainsi; c'est-à-dire, par un *Die-*
ze ou un *Bémol* mis au-dessus, ou au-dessous d'un Signe, pour
marquer la *Tierce Majeure*, ou *Mineure* de la Note connuë par
ce Signe.

Dans le *Chromatique*, & dans l'*Enharmonique*, une petite ligne
tirée en descendant, ou en montant depuis le Signe d'une Note
connuë, pour marquer qu'elle doit descendre, ou monter d'un
demi-Ton, détruit tout l'embarras que produisent ces genres d'Harmonie dans l'exécution.

J'ai tout dit; de peur que quelque habile Musicien ne croye
rencontrer en son chemin quelque chose d'impossible à ma Méthode, sinon j'aurois pû me passer d'en développer plusieurs particula-
ritez qu'on pourra prendre pour autant de difficultez, sans pré-
n()

voir combien la pratique d'une Régle influë sur l'autre : autre
chose est de suivre de l'esprit une Métode , autre chose est de la
suivre en la pratiquant : la Mémoire & les Doigts font ici , ce qu'
on ne peut que supposer de l'autre part ; mais ordinairement
dans cette supposition , on doute , & dans ce doute se confirment
volontiers les opinions plus ou moins favorables sur la chose.

Mais raprochons tout ce Plan : dénuons-le des Réfléxions qui
le défunissent , & faisons-en une Récapitulation , pour voir de
plus près ce que peut valoir la Métode en elle-même.

IL n'y a que deux Accords, le Consonant & le Dissonant ; ils
sont également divisez par *Tierces* ; excepté que dans l'un , la
Tonique a toûjours une *Quarte* au-dessous d'elle , & que dans l'autre , il peut se trouver deux Notes , ou deux Doigts joints : le
premier ne contient que trois Notes ; & le dernier en contient
quatre.

La plus basse Note des *Tierces*, ou celle qui n'a point de *Tierce*
immédiatement au - dessous d'elle , est toûjours la fondamentale.

L'Accord Consonant n'est autre que celui de la *Tonique* : *Tonique* qui est la fondamentale de cet Accord , & par laquelle le
Ton est connu.

Une seule Lettre , dont la signification est connuë dans la Gamme , indique le *Ton* , la *Tonique* , & son *Accord* d'où se tire la connoissance des *Diézes* , ou des *Bémols* , qui doivent entrer dans le
courant des Accords , d'une *Tonique* à l'autre.

Il n'y a que trois successions fondamentales ; celle des Accords
Consonans entr'eux , celle des Dissonans entr'eux , & celle de
leur entrelassement.

Tout se raporte à la seule *Tonique* : ce qui nous dispense d'a-
voir aucun égard à la Basse , dans la succession des Accords.

Les Doigts passent toûjours d'une Touche à sa voisine.

La succession des Accords Consonans n'a besoin d'être exer-
cée que dans une Marche fondamentale par *Tierces* , distincte-
ment indiquée par les Lettres successives , comme *C A* , ou *A C*
& toute la Marche des Doigts y consiste à faire monter la *Quinte*,
quand les Lettres marquent une succession en descendant , comme *C A* : ou à faire descendre l'*Octave* , quand ces Lettres marquent une succession en montant , comme *A C* ; mouvement
contraire de toute part.

On

On peut paſſer légerement ſur cette premiere Régle fondamentale, parce qu'elle ſe confond dans la troiſiéme.

Dans la ſucceſſion des Accords Diſſonans, les Doigts obſer-
vent un Ordre méchanique, où celui qui doit marcher le premier, eſt ſenſiblement connu ; le 5 s'y approche de ſon voiſin,
comme de lui-même ; quand tout eſt par *Tierces* ; & de deux
Doigts joints le plus bas deſcend bien-tôt auſſi comme de lui-
même, après quelques jours d'éxercice.

Faut-il faire deſcendre deux Doigts, ils ſont également con-
nus ; ils marchent pour lors alternativement de deux en deux :
huit jours d'éxercice rendent cette marche familiere.

Faut-il faire deſcendre trois Doigts, conſervez le fondamental
ſur ſa touche, & gliſſez les trois autres ; cela s'apprend ſur le
champ.

Remarquez ici que les Doigts s'attirent ou ſe chaſſent, & qu'-
ils courent toûjours les uns après les autres en deſcendant, pour
éxécuter ce qu'il y a eû de plus compliqué juſqu'à préſent dans
la Muſique, & ſur tout dans l'Accompagnement.

Dès Points l'un ſur l'autre indiquent le nombre des Doigts à
deſcendre ; & le Point ſeul, ou le plus haut des Points eſt toûjours pour le Doigt qu'il faut faire deſcendre le premier.

Un *Diéze* ou un *Bémol* mis à la place de l'un des Points, indique
le Doigt qu'il faut faire deſcendre ſur une Touche *Diéze*, ou *Bé-*
mol ; le Signe de la *Note ſenſible* tient pour lors lieu du *Diéze* ;
& ainſi que ce *Diéze*, il ſignifie qu'il ne faut faire deſcendre que
d'un *demi Ton* le Doigt qu'il indique ; de ſorte que quelqu'incon-
nu que puiſſe être pour lors un *Diéze*, ou un *Bémol*, on le trouve d'abord ſous les Doigts : que j'oſe dire être heureux.

Dans l'entrelaſſement des Accords Conſonans avec les Diſſonans, il ne s'agit que de deux *Cadences fondamentales*, où la *To-*
nique fait connoître ſa *Seconde*, & ſa *Note ſenſible*, ſur leſquelles
ſe décident les Accords Diſſonans qui s'y entrelaſſent avec le Conſonant.

Quand on eſt en état de joindre la Baſſe à cet entrelaſſement,
la ſucceſſion fondamentale des Accords Conſonans y eſt pour
lors rapellée, ſelon ce qui paroît à la page 34.

Si la ſucceſſion eſt alongée ; c'eſt-à-dire, ſi l'Accord de la *To-*
nique ne ſuccéde pas immédiatement au premier Diſſonant, il
peut paroître pour lors un autre Diſſonant que l'un des deux précédens ; mais il ſe raporte toûjours à la *Tonique* déja connüe, &
pratiquée.

G

De même que l'Accord de la *Seconde*, & le *sensible*, ont leurs Signes particuliers relatifs à la *Tonique* connuë, de même aussi les autres Accords Dissonans auront leurs Signes également relatifs à cette *Tonique* : De sorte qu'avec ces Signes, & avec la maniere de trouver sous les Doigts les Accords qu'ils indiquent, où tout est par *Tierces*, sinon deux Doigts joints, & les autres pas *Tierces*, on est bien-tôt en état de pratiquer quelqu'Accord que ce soit.

Un 2 pour la *Seconde*, & pour son Accord.

Un x pour la *Note sensible*, & pour son Accord.

Un 7 pour la *Septiéme*, & pour son Accord ; où il ne s'agit que d'ajoûter cette *Septiéme* immédiatement au-dessous de la *Tonique*, dont l'Accord est déja sous les Doigts.

Un *aj* pour marquer la *Sixte* ajoûtée, où, sans penser à cette *Sixte*, il ne s'agit que d'ajoûter un Doigt à l'Accord Consonant, en laissant tomber ce Doigt auprès de son voisin au-dessous ; excepté que si cet Accord Consonant, c'est-à-dire, de la *Tonique*, est par *Tierces*, on y substituë pour lors le 3 au 2 ; pour porter celui-ci une *Tierce* au-dessous ; ou bien encore on y substituë le 3 au 4, & le 4 au 6, pour placer celui-ci immédiatement au-dessus de la Touche qu'il occupoit ; ces deux derniers moyens d'ajoûter étant arbitraires, excepté lorsqu'il s'agit de raprocher ou d'éloigner la Main Droite de la Gauche.

Un 5 pour l'Accord de *Tierce-Quarte*, où connoissant le Doigt qui touche la *Tierce* dans l'Accord de la *Tonique*, il ne s'agit plus que d'en approcher son voisin au-dessus, & s'il n'a point de voisin au-dessus, tout est pour lors par *Tierces*, depuis cette *Tierce* même, *&c. &c. &c.*

Même arrangement dans tous ces Accords : quatre Doigts par *Tierces*, sinon deux joints, & les deux autres par *Tierces* : de sorte que connoissant le rapport de l'intervale indiqué par son Signe, avec la *Tonique*, dont on a déja l'Accord sous les Doigts, & dont le Signe précéde immédiatement celui de cet intervale, tout est connu sur le champ, ou plûtôt tout est pratiqué sur le Champ ; car les Doigts y préviennent bien-tôt la réfléxion. Reste l'Accord de *Quarte*, où il ne s'agit que de faire descendre le Doigt qui est sur la *Tierce* de la *Tonique* ; & si le 4 dont se chiffre cet Accord ne présente pas l'idée de la *Seconde* qui se forme pour lors en faisant ainsi descendre la *Tierce*, il présente du moins celle de l'ordre où se trouvent les Doigts dans l'Accord ; excepté les deux qui peuvent y être joints.

Margin handwritten notes:

+ c'est-à-dire au-dessus de celuy qui touche la quinte si la corde, par t'escy on prendra active, immédiatement au-dessus de la quinte une tierce au-dessous de la fondamentale.

+ sur la seconde et un autre Doit en quart-e par-dessus on par-dissous

+ si la quarte qui se trouve au-dessus ou au-dessous des deux termy

Si cet Accord vient après un Diffonant, confervez les deux Doigts joints, ou les deux extrêmes quand ils font tous par *Tierces*, & ajoûtez-y un troifiéme Doigt à la *Quarte* de fon voifin, n'importe de quel côté.

Si l'*Accord fenfible* fuit cet Accord de *Quarte*, on y a déja le Doigt marqué pour defcendre fur la *Note fenfible*, & il ne s'agit plus que d'y ajoûter un quatriéme Doigt dans l'ordre où l'on fçait que cet *Accord fenfible* doit fe trouver : ce qui n'a befoin que de l'éxamen d'un moment ; voyez comment cet *Accord fenfible* auroit fuccédé à celui qui a précédé la *Quarte* ; il fe formera pour lors abfolument de la même maniere.

Cet Accord de *Quarte* devient bien-tôt le plus familier de tous, pour peu d'attention qu'on y donne.

Un *Diéze* ou un *Bémol* joint au Signe, fignifie que la Note ou Touche indiquée par ce Signe eft *Diéze* ou *Bémol*, ce qui eft felon l'ufage.

Un *Diéze* ou un *Bémol* mis au-deffus du Signe, marque la *Tierce Majeure* ou *Mineure* de ce Signe ; ce qui eft encore felon l'ufage.

Ce qui indique ainfi la *Tierce* regarde le Doigt qui fe trouve immédiatement au-deffus de celui qui touche la Note connüe par le Signe : De forte que ce Doigt fe porte pour lors comme de lui-même fur une Touche *Diéze* ou *Bémol*, felon le cas, fans que la différence du *Diéze* ou *Bémol* puiffe l'arrêter ; parce qu'il ne s'a-git jamais là que d'une petite Touche blanche, où l'on ne peut prendre ni la *Seconde* ni la *Quarte*, pour la *Tierce* ; ayant foin de ne me fervir des Signes du *Diéze* ou du *Bémol*, que pour ces petites Touches blanches, & fubftituant toûjours le Signe du *Bé-quarre* à ceux-là ; lorfque la *Tierce* doit être formée d'une grande Touche noire, dite autrement, naturelle ; excepté qu'il ne s'y agiffe d'un double *Diéze*.

Le Signe du *Bémol* mis au-deffous de l'*x*, avertit que l'*Accord fenfible* eft pour lors tout compofé des plus petites *Tierces* poffi-blés ; c'eft-à-dire, de *Tierces Mineures*, dont la difpofition fe dé-termine fur la *Note fenfible* connüe, & cenfée fous un Doigt.

Une petite ligne tirée de haut en bas, ou de bas en haut, de-puis l'intervale indiqué par fon Signe, marque qu'il faut faire defcendre ou monter cet intervale feul d'un *demi Ton*, c'eft-à-di-re, fur la Touche la plus voifine au-deffous, ou au-deffus : moyen de faire obferver machinalement ce qu'il y a de plus com-pliqué dans les genres *Chromatiques & Enharmoniques*.

Dès qu'on poſſede parfaitement la pratique des trois ſucceſſions fondamentales, le reſte n'eſt preſque plus rien : & tel qui
voudra ſe donner la peine de les étudier dans les *Tons Majeurs* de
C, de *G*, & de *F*, & dans les *Mineurs* de *A*, de *E*, & de *D*, qui
répondent aux trois premiers, ſe trouvera en état d'Accompagner tout Ouvrage de Muſique, dont le *Ton* principal ſera le
Majeur d'Ut, ou le *Mineur* de *La*, pourvû qu'il ſe mette encore auparavant au fait de leurs acceſſoirs, qui font le Corps de
la Métode : ayant inſéré à la fin de cette Diſſertation, pour ſer-
vir d'éxemple, le premier Adagio de la troiſiéme Sonate du cinquiéme Oeuvre de Corelli, où au lieu de Baſſe, on trouve au-
deſſous de mes Signes, les chiffres 1, 2, 3, 4, ſuivis d'une barre, pour y faire diſtinguer les *Meſures*, & chaque *Temps* de la
Meſure : 1, ſignifie le premier Temps, 2, le Deuxiéme, 3, le
Troiſiéme, & 4, le Quatriéme. Ces Chiffres ſuivis d'un Point indiquent le partage du *Temps* en deux *Demi*, dont chaque moitié
porte ſon Accord ; excepté que s'il n'y a point de Signes au-deſſus du Chiffre, il n'y a pour lors point d'Accord.

On verra par ce petit échantillon, qu'on peut effectivement ſe
paſſer de la Baſſe dans l'Accompagnement du Clavecin ; pourvû, cependant, qu'un autre inſtrument l'éxécute ; mais comme
on ſera peut-être curieux de faire rapporter cet Accompagnement à la Baſſe de Corelli ; on y prendra garde ſeulement qu'il
y a des cas où il faut changer la Main Droite de place, pour
donner la liberté à la Gauche d'éxécuter la Baſſe ; ce qui ſe fait,
dès qu'on le peut, entre deux Accords de *Tonique*, comme à
l'endroit marqué de ce Signe //, ſinon en répétant l'Accord d'u-
ne même *Tonique*, ſinon après l'Accord de cette *Tonique*, enfin
là où la choſe eſt forcée ; ayant cependant la précaution de
prendre l'Accord d'une *Tonique* un peu haut, lorſqu'on voit des
Points à ſa ſuite.

Si peu qu'on s'éxerce ſur cette Métode, on verra qu'elle
rend toutes les faces du Clavier également familiéres.

Je ne rapelle point ici les Principes de ſucceſſion ; ce que j'en
ai déja dit doit ſuffire.

Quoiqu'on puiſſe être à preſent en état de juger laquelle des
deux Métodes, de celle qui eſt le plus généralement reçûë ſous
le nom de *Régle de l'Octave*, ou de la mienne, mérite la préfé-
rence ; Je crois qu'une Comparaiſon raprochée de ces deux Métodes ne ſera pas inutile, pour faire mieux ſentir encore ce qui
en eſt.

SI dans la *Régle de l'Octave*, il faut connoître vingt-cinq Accords différens , sous un certain nombre de Signes combinez de plus de quarante façons : dans ma Métode, il n'en faut connoître que sept , sous le nombre de sept Signes jamais différemment combinez.

Si d'un côté cette connoissance éxige de remplir la mémoire d'une infinité d'Accompagnemens différens , de les chercher long-temps sur le Clavier , & d'y observer des Positions toûjours différentes entre les Doigts ; de l'autre , tout est divisé par *Tierces*, aux différentes faces près de l'Accord Consonant , & aux deux Doigts joints près , dans l'Accord Dissonant : Donc tout est réduit ici presqu'à rien , & pour l'esprit , & pour les Doigts, en comparaison de ce qui vient de paroître.

Là, si chacun des vingt-cinq Accords doit se rapporter à chacune des douze Notes comprises dans l'étendüe d'une *Octave* , dès qu'on veut Accompagner dans tous les Tons possibles : ici chacun de mes sept Accords ne doit se raporter qu'à la seule *Tonique*.

Là, si aucune succession n'est décidée, si l'Arbitraire qui peut y regner doit toûjours y tenir l'Accompagnateur en suspens : ici tout est décidé, sans s'y embarrasser d'autre chose que des *Diézes* ou *Bémols* que contient le *Ton* connu.

Là, si le *Ton* n'est point décidé, s'il y est presque toûjours incertain, si l'on n'a aucun moyen d'y connoître le moment précis où il change, & si au contraire les Chiffres en usage y détruisent le plus souvent ce qu'on peut y discerner d'ailleurs à la vûë de quelques autres Signes : ici une seule Lettre déclare le *Ton*, la *Tonique*, & son *Accord*.

Là, si l'*Accord* du *Ton*, dit *Parfait*, est assigné à d'autres Notes qu'à la *Tonique*, comme à la *Dominante* ; si l'*Accord* de *Sixte* qui n'est que la représentation du *Parfait* est assigné à d'autres Notes qu'à la *Médiante*, comme au sixième degré en montant, & au septième en descendant ; si l'*Accord sensible*, sous le nom de *petite Sixte*, est assigné à d'autres degrez qu'au deuxième, comme au sixième en descendant ; & si par conséquent la *Régle de l'Octave* présentée pour un seul *Ton* , en comprend cependant trois différens ; celui de la *Tonique*, celui de sa *Dominante*, & celui de sa *sous-Dominante* : car la *Dominante* doit être censée *Tonique*, lorsqu'elle porte l'*Accord parfait* , lorsque la *Tierce*, qui est le septiéme degré, porte le même Accord sous le nom de *Sixte*, & lorsque le degré qui y descend porte son *Accord sensible* : & la *sous-Dominante* doit être encore censée *Tonique* : lorsque le sixié-me degré porte son *Accord parfait* sous le nom de *Sixte* : ici la seule *Tonique* a le privilege de porter son Accord, dit *Parfait* : les différentes Notes de la Basse ne peuvent pour lors y distrai-re de cette *Tonique* toûjours indiquée par sa Lettre : & ce que j'ai pensé, les *Cadences* renferme tout ce que cette *Régle de l'Octave* a de bon pour le seul *Ton* dont il s'y agit.

Là, si la succession des Accords demande à un Commençant un mois d'exercice pour un seul *Ton* : ici elle ne lui demande qu'un jour pour une douzaine de *Tons* au moins. Voyez d'un côté la *Régle de l'Octave* dans le Traité de Mr. Campion, dans celui de Mr. Dandrieux, ou dans le mien ; & voyez de l'autre, ma troisié-me Régle fondamentale, puisque celle-ci seule comprend celle de l'octave.

Là, si le même Accord se présente tantôt sous l'idée d'une *Septiéme*, tantôt sous l'idée d'un *Triton*, enfin sous l'idée de sept Accords différens, même de douze, selon l'exposé de la page 47, & si les successions s'y multiplient à proportion : ici & le même Accord, & la même succession, se présentent toûjours sous la même idée.

Là, si les différentes faces des Accords ne sont presque ja-mais également familiéres : ici elles sont toutes égales, excepté celles de l'Accord de la *Tonique*, qui peuvent y embarrasser un Commençant dans les deux ou trois premiers mois au plus.

Là, si l'attention qu'exigent les Accords pendant long-temps est d'un grand obstacle à l'éxécution de la Basse : ici ces Accords n'y apportent plus d'obstacle au bout de trois mois, ou de six au plus.

Là, si les Signes sont tellement compliquez qu'il faut des an-nées entiéres pour en tirer l'intelligence nécessaire : ici la pre-miere explication vous mes au fait.

Là, s'il est presque impossible de ne pas se méprendre quel-ques fois aux Chiffres, soit dans l'éxécution, soit quand on chif-fre soy-même la Basse : ici il n'est pas possible de s'y tromper, & s'il en doit coûter seulement à l'Auteur, c'est pour qu'il en coûte moins à celui qui en doit tirer l'intelligence nécessaire.

Là, si l'ambiguité, l'équivoque, & les contradictions qui re-gnent dans les Chiffres, obligent d'occuper un Commençant d'une infinité de Régles qui l'embarrassent extrêmement, sans en être plus éclairé pour cela : ici le seul coup d'œil fait porter un jugement subit & certain ; & ce jugement fait partir les Doigts à l'instant, quand une fois les routes données leur sont familiéres.

Là, si les Notes non chiffrées sont censées devoir porter l'Accord de la *Tonique*, dit *Parfait*, & si cela forme contradiction avec les Notes de goût non chiffrées, qui ne doivent point porter d'Accords : ici les Notes non chiffrées porteront toûjours l'Accord qu'on a déja sous les Doigts ; ce que je n'avois pas encore déclaré.

Là, si l'on peut parvenir à Accompagner sans Chiffres une Musique très simple, ce n'est jamais que par le secours de la Routine & de l'Oreille : Or je vous demande laquelle des deux Métodes doit le plûtôt suffire à l'un & à l'autre.

Là, s'il ne s'agit que de l'Accompagnement ; il s'agit ici, & de cet Accompagnement, & de la Composition ; de sorte que l'Organiste en peut tirer toutes les connoissances, & toutes les pratiques nécessaires de l'Harmonie.

Là, tout ce qu'on apelle *science*, n'est que Routine ; vous diron qu'il faut faire tel Accord sur tel degré, on ne vous en donne pas la raison ; plusieurs degrez du même *Ton* portent ce même Accord ; dès ce moment le nüage s'obscurcit, & la lumiere se dissipe ; mais bien plus, le *Ton* change, on ne le sçait, on ne le voit, ni ne le sent ; un mauvais Chiffre empêche même d'y penser. Que deviennent pour lors le degré & son Accord ? ici ce que j'apelle Routine est une Science, en la communiquant aux Doigts, j'en laisse entrevoir les fondemens à l'esprit ; & j'attends que la pratique en soit bien formée, pour les déveloper entiérement.

Loin que les Accords soient déterminez par les degrez du *Ton* ; c'est au contraire la succession donnée qui détermine à ces degrez les Accords qu'ils doivent porter.

N'accordez-vous que la *petite Sixte* au deuxiéme degré ; lui accordez-vous, de plus, la *Septiéme* ; lui accordez-vous de plus encore, la *Neuviéme* & *Quarta* ? je le veux bien : mais quand jugez-vous à propos qu'il porte l'un de ces Accords, dans quelle succession de la Basse, dans quel ordre de succession entre ces Accords ? Tout autre degré que celui-ci, excepté le sixiéme, ne pourra-t-il pas porter sous un autre Nom d'Accord de *petite Sixte* que vous lui déterminez ; sans qu'il l'ait porté lui-même après avoir paru ? Comment rendrez-vous compte de cela sans Chif-

fres ? Comment ferez-vous connoître qu'en pareil cas la *Médian-*
te, à laquelle vous n'accordez généralement que l'*Accord de Six-*
te, pourra porter cet Accord de *petite Sixte*, sous le nom de
Neuvième, ou de *Quinte surperfluë*, selon le genre du *Ton* ? Enfin,
quand vous connoîtriez le degré, vous ne connoîtriez encore
rien ; parce que son Accord arbitraire dépend d'une succession
commencée, ou à commencer ; conséquemment au plus ou au
moins d'étendüe de la Phrase, dans laquelle il se trouve.

Si vous a-
vez déja saisi
l'idée de mes
Signes, vous
allez Accom-
pagner cette
Basse sur le
champ.

Soit donnée, pour cet effet, la succession de Basse $\begin{smallmatrix} C & x \\ Ut & Ré \end{smallmatrix} \Big| \begin{smallmatrix} C \\ Mi \end{smallmatrix}$, ou

$\begin{smallmatrix} C \\ Ut \end{smallmatrix} \Big| \begin{smallmatrix} x \cdot x \\ Ré \, Ré \end{smallmatrix} \Big| \begin{smallmatrix} C \\ Mi \end{smallmatrix}$, ou $\begin{smallmatrix} C \\ Ut \end{smallmatrix} \Big| \begin{smallmatrix} aj \cdot r \\ Ré \, Ré \end{smallmatrix} \Big| \begin{smallmatrix} x \, C \\ Ré \, Mi \end{smallmatrix}$, ou $\begin{smallmatrix} C \\ Ut \end{smallmatrix} \Big| \begin{smallmatrix} aj \cdot x \\ Ré \, Ré \end{smallmatrix} \Big| \begin{smallmatrix} x \, C \\ Mi \, Mi \end{smallmatrix}$, ou en-

core $\begin{smallmatrix} C \\ Ut \end{smallmatrix} \Big| \begin{smallmatrix} x \\ Ré \end{smallmatrix} \Big| \begin{smallmatrix} x \cdot c \\ Mi \, Mi \end{smallmatrix}$; Vous verrez que cette succession a beau être

Diatonique, conformément à celle de votre Régle, c'est, ou la lon-
gueur de la Phrase, ou le moment déterminé pour la fin de cette
Phrase, qui décide des Accords que le deuxième degré *Ré*, &
le troisième *Mi*, doivent porter : ce qui n'est pas toûjours aussi
facile à distinguer dans la Musique, qu'il l'est ici ; parce que
les Notes répétées peuvent n'y être exprimées que par une seule Note ; de sorte qu'elles s'y présenteront presque par tout de
même que dans la première succession ; où vous ne sçaurez pour
lors s'il faudra donnner l'*Accord Sensible* au deuxième degré,
sous le nom de *petite Sixte*, ou au troisième, sous le nom de
Neuvième, ou de *Quinte superfluë* : quand même vous vien-
driez à connoître l'Accord de ce troisième degré, sçavez-
vous celui qui doit le précéder dans la succession donnée ; avez-
vous une Régle qui nous apprenne que l'Accord de la *Seconde*
doit précéder le *Sensible*, & l'*Ajouté* celui de la *Seconde*, dès que
l'un de ces Accords ne peut plus l'être de celui de la *Tonique* ?
en avez-vous du moins quelques-unes d'équivalantes ?

Comment traiterez-vous d'ailleurs l'Harmonie de toutes ces
Syncopes qu'on pratique aujourd'hui entre le Dessus & la Basse ?
il n'y a jamais là que *Suposition*, ou *Suspension* ; c'est-àdire, qu'-
au lieu de tel Accord qui devroit paroître, il n'y est encore question que de celui d'auparavant ; ou bien au lieu de deux Notes
qui auroient dû descendre, il n'en faut faire descendre qu'une ;
Or, expliquez-moi un peu quel Accord doit précéder un tel autre par votre Régle ? le pourrez-vous sans entrer dans un détail
immense, ni sans quelques omissions ? Tous les différens degrez
qui pourront s'y succeder ; les différentes manières dont ils pourront

ront

ront s'y fuccéder ; & tous les differens Accords qu'il faudra
vous rapeller en conféquence, ne fe préfenteront-ils pas pour lors
en confufion à votre efprit ? Plus votre détail fera éxact, moins
là mémoire de celui à qui vous l'expoferez y pourra fuffire ; jamais il ne le concevra ; & s'il parvient une fois à le mettre en éxécution, ne croyez pas qu'il le doive à votre expofé ; mais à la
feule routine, & à l'Oreille : au lieu que vous n'avez ici que trois
Accords après celui du *Ton* ; l'*Ajouté*, la *Seconde* ou le *Senfible* ;
chacun de ces Accords fe trouve prefqu'avec la même facilité
après celui du *Ton*, l'un n'eft pas plûtôt fous les Doigts, que l'autre y coule comme de fource ; le plus facile à trouver eft toûjours celui qui doit précéder l'autre ; ne fut-il pas même nécef-
faire, on peut néanmoins l'employer, en paffant fubitement à
l'autre, en forme de *Coulé*, en forme d'*Apui*, comme l'éxige à
tout moment le goût du Chant : de cette facilité, que procure
très promptement la Méchanique des Doigts dans la fucceffion
des Accords Diffonans, naît fous les Doigts la Syncope obligée ; Falloit-il faire l'Accord du *Ton* ? gardons le *Senfible* qui eft
déja fous nos Doigts ; falloit-il faire le *Senfible* ? gardons celui de
la *Seconde* ; falloit-il faire ce dernier ? gardons l'*Ajouté* ; ou bien
employons l'*Ajouté* au lieu de l'Accord de la *Seconde*, celui-ci
coulera enfuite comme de lui-même ; ainfi du refte : ce n'eft
qu'avec ces Accords que la *Supofition* a lieu ; finon la *Syncope*
n'eft que dans les Notes, & non pas dans l'Harmonie.
   A l'égard de la *Sufpenfion*, un Doigt à defcendre, au lieu de
deux, mais après lequel marche toûjours le deuxiéme qui devoit
naturellement l'accompagner dans fa route : ce moyen d'obferver ce qu'il y a de plus compliqué dans vos Régles, eft trop fim-
ple, pour que nous devions nous y arrêter d'avantage.
   On a pû remarquer fur ce que je viens d'apliquer, l'*Ajouté*,
l'Accord de la *Seconde*, & le *Senfible*, à différens degrez du *Ton*,
qu'effectivement chacun de ces Accords eft aplicable à différens
degrez ; qu'il y a même tel degré qui peut les porter tous trois,
l'un après l'autre, & qu'il y a tel autre degré qui n'en peut porter que deux ; à quoi je dois ajoûter que la *Tonique* peut y joindre
fon Accord ; de forte qu'elle pourra porter fucceffivement fon
Accord, celui de l'*Ajouté*, celui de fa *Seconde*, fon *Senfible*, puis
fon premier *Accord*, fans parler des *Sufpenfions* dont la *Seconde*,
le *Senfible*, & cet Accord de la *Tonique*, peuvent être encore en-
trelaffez ; fond de tous les Airs de Viéle & de Mufette, & de
tous les Points d'Orgue qui n'excédent pas leurs bornes.

H

Je ne dois point passer ici sous silence, que de quelque manière que des habiles Maîtres fassent pratiquer la *Règle de l'Octave*, sous les noms de *Simple*, *Composé*, *Figurée*, &c. ils ne peuvent jamais y faire employer que les Accords citez, celui de la *Tonique*, l'*Ajouté*, celui de la *Seconde*, le *Sensible*, puis le premier, & qu'ils n'y ont pas plûtôt fait employer l'un de ces Accords après celui du *Ton*, qu'ils sont forcez de les y faire succéder dans l'ordre où ils se trouvent présentement exposez; mais sous des noms à tout moment différens, qui en déguisent les rapports à l'Esprit, aux Doigts & à l'Oreille; au lieu que cet ordre une fois fourni dans la deuxième Règle fondamentale, se réitère par tout où il est question de succession d'Accords Dissonans, ordre d'ailleurs purement méchanique. Or ceux qui en sont à cette *Règle de l'Octave*, ou qui sçavent ce qui en est, devroient bien examiner quelle différence il y a entre ce qu'on leur y enseigne, & ce que je leur enseigne à présent : Mais c'est toûjours chose nouvelle ici, c'est toûjours la même chose, quelque degré de parallèle dans la Basse des *suspensions* mêmes, qui n'y ajoûter, toûjours Dorien, s'il falloit.

Il est inutile de rapeler qu'au lieu de passer à l'*Accord sensible* d'abord après celui de la *Tonique*, on peut passer à celui de la *Tonique* même; la Règle fondamentale en fait foi aussi bien à la fin du sens qui en décide pour lors, pourvû que la Basse fournisse, d'ailleurs une Note capable de porter cet Accord de la *Tonique*, sçavoir, la *Tonique*, la *Tierce* dite, *Médiante*, ou la *Quinte*, dite, *Dominante*...

S'il jamais il s'agit de l'Accord de *Tierce-Quinte* dans les degrez...Accords à chaque Note en descendant, suivant ce qui...ment des Accords Dissonans a lieu, selon ce que j'en ai déja touché à l'occasion de cet Accord.

Il me reste deux Articles à justifier selon ma promesse, sçavoir l'exclusion du *Pouce* dans les Accords, & l'usage des deux *Quintes* de suite, que ma Méthode...

PUisque les Accords fondamentaux contiennent au plus...

font toujours par *Tierces* ; & puisque la succession y est toujours la même d'une Note à sa voisine, il doit paroître absolument nécessaire d'y employer, pour lors, quatre Doigts également distans l'un de l'autre, où ils ayent égale liberté de s'approcher & de s'éloigner les uns des autres, & où aucun ne s'y oppose, comme cela arriveroit, si l'on y employoit le *Pouce* & le petit Doigt; car un cinquième Doigt qui se trouveroit, en ce cas, au milieu des autres, y seroit à tout moment un obstacle à l'égalité de distance; il empêcheroit que deux ne s'aprochassent facilement, quand il le faudroit; on ne pourroit même le faire sans le substituer à la place de l'un des deux; cette substitution regarderoit tantôt un Doigt, tantôt l'autre; enfin l'égalité d'éloignement, de proximité, & d'extention seroit détruite entr'eux, on ne sentiroit plus que c'est au petit Doigt à descendre, lorsque la Main est dans sa plus grande extention, puisqu'elle n'y est pas encore, en employant ici le *Pouce* : D'ailleurs, ce *Pouce* ne se place pas aisément sur un *Dièze*, quand les autres Doigts se placent sur des Touches naturelles, ceux-ci en sont même déroutez; le changement, encore, de ce *Pouce* en un autre Doigt, dans le passage d'un *Accord Dissonant* à un *Consonant*, qui n'exige guéres le *Pouce*, quelque petite que soit la Main, retarde l'exécution; Ainsi tout bien examiné, ce *Pouce* est un obstacle considérable à la prompte acquisition des habitudes nécessaires.

S'il arrive qu'on ait la Main si petite, qu'on ne puisse embrasser une *Septiéme* sur le Clavier sans le *Pouce*; ce qui est très-rare, excepté dans les Enfans; harpégez l'Accord, en commençant par le Doigt d'en bas, & quitez ce Doigt dans le moment que le petit Doigt va se placer sur sa *Touche* : ce secours m'a toujours réüssi auprès des jeunes Personnes, sans que leur exécution en ait souffert le moindrement.

Si ce deffaut ne vient que de l'enfance, comme cela ne peut guéres être autrement; qu'est-ce qui vous presse ici ? On ne pouvoit se dispenser, effectivement, de commencer l'Accompagnement très-jeune, lorsqu'avec les Régles, & les Chiffres en usage, il falloit des dix ou quinze années pour y réüssir un peu passablement : mais à présent que six mois peuvent y suffire, quand on sçait lire la Musique, & qu'on l'éxécute aisément sur le Clavecin; employez la jeunesse à ces derniers Exercices, & attendez que la petitesse des Mains ne s'opose plus aux progrès rapides qu'elle peut faire dans l'Art dont il s'agit.

On verra dans la Métode, (si jamais je la donne complete,)
que mon Doigter fournit un moyen d'exécuter promtement
les Accords à la suite les uns des autres, & même d'y former
du Chant par ce moyen.

Ne croyez pas, d'ailleurs, que j'exclue tout-à-fait le *Pouce* des
Accords, je le conserve pour en multiplier les Notes, en le plaçant toujours à l'*Octave* du *petit Doigt* : mais je n'ai garde d'en
avertir que lorsqu'on est maître du reste.

Des Octa-
ves.

À L'égard des *Octaves* de suite, pourquoi voudriez-vous que
je changeasse mon Harmonie, lorsqu'elle ne fournit jamais
deux *Octaves* de suite dans une succession fondamentale ? Est-ce
parce que vous y changez la Basse fondamentale, en Basse arbitraire, en Basse de goût ? A-t-on jamais oüi-dire qu'il fallut détruire le
fond, en faveur d'un arbitraire qu'il fournit lui même ? Quoi,
lorsque la succession fondamentale est une fois donnée, il faudra la changer, parce qu'il vous aura plû d'y choisir pour Basse
la succession de l'une de ses parties supérieures, avec laquelle
cette Basse fera pour lors deux *Octaves* de suite ? Si c'est une faute, elle vient donc de vôtre Basse inventée à plaisir, & nullement de la succession fondamentale dont elle est tirée : C'est bien
là qu'il s'agit de deux *Octaves* de suite : laissez ce soin à un Compositeur qui, à tête reposée, peut varier à son gré toutes les Parties de l'Harmonie : mais pour un Accompagnateur qui doit être
occupé de choses bien plus essentielles ; dont la Main ne peut
embrasser qu'un certain espace sur le Clavier ; dont les Doigts ne
peuvent marcher aisément que d'une Touche à la plus voisine,
quand il y en a plusieurs d'employez, & que c'est au même
marcher ; qui doit exécuter dans l'instant même qu'il pense ; &
qui auroit à souhaiter que la seule Basse fut l'unique objet de
son attention ; C'est bien à lui à s'occuper de pareilles minuties,
dont l'Harmonie & la plus parfaite succession ne reçoivent aucun dommage.

Faut-il qu'au deffaut du Tronc, on s'atache ainsi, non à une
branche, mais à une feüille, à une fleur, comme je l'ai déja dit
dans l'occasion ?

L'Accompagnement forme continuellement, & nécessairement des *Octaves* de suite avec les différentes Parties du Concert. Or, quelle raison y a-t-il pour que celles-ci soient bonnes,
pendant que celles-là seront mauvaises ? Il est vrai que deux Oc-

taves de suite ne font point Harmonie ; mais si c'est là le seul deffaut qu'on y puisse trouver ; pourquoi s'y arrêter dans un cas où
cette Harmonie est déja complete sans la Basse ? loin qu'elles en
détruisent la perfection ; elles l'augmentent au contraire , en y
multipliant les Sons , & les Consonances ; car d'une *Tierce*, l'*Octa-*
ve forme encore une *Sixte*, d'une *Quinte* , elle forme encore une
Quarte , ainsi du reste : Voudriez-vous priver l'Auditeur de
pouvoir être affecté de toutes les Consonances dans un Accord ,
où vous n'en suposez jamais que deux ou trois ? Le priverez-
vous de cette satisfaction , en faveur d'un respect outré pour
une Régle mal apliquée , pour une Régle qui ne regarde que
deux parties détachées , qu'on veut rendre différentes entr'elles ?

Au reste les deux *Octaves* de suite ne sont sensibles dans l'Accompagnement , que lorsqu'on se distrait du reste du Concert ,
pour y donner toute son attention ; elles ne le font même qu'aux
Musiciens prévenus sur l'article ; encore le plus souvent leur
Oreille n'en est-elle frapée , qu'après que leurs yeux les en ont
avertis ; les autres n'y pensent pas : on les pratique par tout , même dans les *Concerto* , où la Basse & le Dessus éxécutent le même
Chant.

Mais de quoi nous embarrassons-nous ? Deux *Octaves* de suite entre la partie inférieure des Accords , & la Basse , font le même
effet qu'une Basse doublée , selon l'usage où l'on est de la doubler avec la *Contre-basse* : Ces *Octaves* sont insensibles , & se sauvent même dans le milieu des Accords ; d'où les plus scrupu-
leux les permettent , *Lors*, disent-ils , *que l'Octave est envelopée* ,
ce sont leur termes : cela ne regarde donc plus que la partie supérieure des Accords ! Hé bien , retranchez pour lors la deuxiéme *Octave* , ou changez la face du deuxiéme Accord par un
mouvement contraire à celui de la Basse , si vous n'avez pû prévoir qu'en pareil cas , il falloit éviter de prendre l'*Accord Conso-*
nant dans la face où le *Petit Doigt* touche l'*Octave* de la Basse ,
car c'en est là tout le nœud.

Si le hazad faisoit encore naît e deux *Quintes* de suite entre
la partie supérieure des Accords , & la Basse ; faites à l'égard
de ces *Quintes* , ce qui vient d'être prescrit à l'égard des *Oc-*
taves.

L'*Octave* de la Basse que je fais employer dans les Accords , peut
toûjours en être retranchée : mais aussi quelle facilité & quel agré-
ment n'y apporte-t'elle pas ? par son moyen presque tous les Accords & toutes leurs successions ne sont qu'un pour l'esprit , pour

les Doigts, & pour l'Oreille, mêmes Régles & mêmes Sig nes d'un
côté, mêmes ordres, & mêmes marches de l'autre : D'ailleurs,
ceux qui ne s'attachent qu'à la maniére, y trouveront leur compte, puisque l'harpégement de quatre Notes est plus agréable que
celui de trois. Ainsi ne retranchons rien des Accords ; n'en chan-
geons pas mêmes les faces qui sont une fois sous nos Doigts, qu'auparavant notre jugement, notre Oreille, & ces Doigts n'agis-
sent librement de concert dans notre exécution, & ne nous
fassent connoître par-là, que nous pouvons porter notre, attention ailleurs.

Ce qui concerne le goût ne doit nous occuper que lorsque nous
possédons parfaitement le fond ; c'est à quoi l'on devroit penser
plus sérieusement qu'on ne le fait.

Conclusion.

J'Ose dire que la Métode que je propose, est la seule qui puisse
conduire aux conoissances nécessaires pour Accompagner sans
Chiffres, & même avec les Chiffres en usage ; Car ç'a toûjours
été par un raisonnement, où mes Signes sont sous-entendus, que
j'ai conduit ceux qui, sur les Chiffres en usage, ont acquis la
Pratique de l'Accompagnement en peu de tems, comme au bout
d'un an, ou de quelques mois de plus : n'y ayant pas à douter
que ces Chiffres en usage ne retardent beaucoup un Commençant, encore y a-t-il tout lieu de craindre qu'il ne s'y rebute,
s'il n'est pas capable d'aplication, ou s'il n'a pas l'Oreille extrêmement sensible à l'Harmonie.

Cette Métode qui est directement tirée de la Basse Fondamentale, nous la rend d'une maniére si simple, qu'il n'y a pas moyen
de l'y méconnoître ; & le Musicien devroit en faire d'autant plus
de cas, qu'elle lui présente un précis de toutes les successions
de l'Harmonie, auquel il ne paroît pas qu'il ait jamais fait attention. Ceux, même, qui conviennent avec moi qu'il n'y a que
deux Accords, n'en ont encore sçû tirer aucun avantage pour
réduire à ce précis les différentes successions que fournissent les
différentes combinaisons de ces deux Accords ; ils en reviennent
toûjours au détail, & de chaque partie de ce détail, ce qui ne
leur est plus pardonable, ils en font autant d'objets différens :
les treize Accords formez du *Sensible*, par exemple, sont encore pour eux autant d'Accords différens ; ils y distinguent toûjours la Dissonance de la *Note sensible*, en cinq ou six Dissonances ; de-là ils la font *sauver*, tantôt de la *Sixte*, tantôt de l'*Octa-*

ve, tantôt de la *Quarte*, &c. lorsque par tout cette *Note sensible* se *sauve* en montant d'un *demi Ton* sur la *Tonique* ; enfin de chaque partie d'un même objet ils en font autant de Régles capitales, lorsque chacune de ces parties se trouve renfermée dans une seule Régle fondamentale aussi simple, qu'abondante ; & c'est là justement ce qui a occasionné ces équivoques, ces contradictions, cette confusion, en un mot tous ces défauts qui régnent dans les Régles, & dans les Chiffres en usage.

Examinez donc bien, avant que de décider, si effectivement j'ai remédié à tous ces défauts par ma Métode ; & supposé que cela soit, tout doit vous inviter à la recevoir : rien n'est plus facile que de la rendre générale. je n'ai d'abord qu'à la mettre dans tout son jour, pour épargner aux Compositeurs la peine d'en dévelop er eux - mêmes l'artifice, quand ils voudront chiffrer en conséquence ; puis il n'y aura qu'à faire graver en particulier la Basse des Ouvrages de Musique les plus accréditez, pour y associer mes Signes ; ce qui sera l'affaire de leurs Auteurs, & la mienne pour les Auteurs qui ne vivent plus.

Le Particulier y trouvera son compte ; outre le tems qu'il y gagnera, la dépense qu'il épargnera du côté du Maître, lui sera quatre fois plus que suffisante pour les frais des Basses.

Les Maîtres y gagneront ; au lieu d'un Ecolier ils en auront douze, quand une fois on sera certain de la facilité avec laquelle on peut aprendre aujourd'hui l'Accompagnement, & du peu de tems qu'il en doit coûter : outre qu'il se formera par ce moyen un plus grand nombre d'Amateurs & de Connoisseurs.

Les Auteurs y gagneront aussi de leur côté : ils n'entreprendront point la Gravûre de leur Basse, qu'auparavant ils ne soient assûrez du débit, par le grand nombre des Curieux qui se présenteront, & ils pourront même s'assûrer que cela fera naître à plusieurs l'envie d'acheter ensuite tout l'Ouvrage.

Copions en attendant, ou bien faisons copier, la dépense en sera toûjours moindre que celle d'un Maître : J'offre, en mon particulier, de joindre mes Signes aux Basses copiées ; j'ai déja le cinquiéme Oeuvre de Corelli tout prêt, dont vous allez trouver l'*Adagio* que j'ai promis à la page 52, où il faut rétourner, pour consulter les Observations que j'ai faites sur ce sujet.

F I N.

APPROBATION.

J'Ai lû par Ordre de Monseigneur le Garde des Sçeaux, la Dissertation sur les différentes Métodes d'Accompagnement pour le Clavecin, & pour l'Orgue : & j'ai crû qu'on en pouvoit permettre l'Impression. A Paris le dernier Octobre mil sept cent trente-un.

GALLYOT.

SONATA III. DE CORELLI.

Adagio.

C   C A C │2 4 ×C ×│C × C ᵃⁱ×│
1 2 3 4│1 2.3 4│1 2 3 4.│

G   │ G E G │2 4×G ×│G × G ᵃⁱ×│
1 2 3 4│1 2 3 4│1 2.3 4│1 2 3 4.│

D G ᵃⁱ :│× G 2G 4×│G C 3:::│: : : :│
1 2 3 4│1 2.3 4.│1 2 3.4.│1 2 3 4│

: × A 2 4×│A C ᵃⁱ ×│G ᵃⁱA ᵃⁱ×│×E 4 ×E C│
1 2 3.4.│1 2.3 4.│1 2.3 4.│1.2.3 4│

ᵃⁱ :C ᵃⁱ :C│2C ×C 4 ×C│ᵃⁱ : ×4C 2│×C 4 ×C G│
1 2.3 4.│1.2.3.4│1 2.3.4│1.2.3 4│

2 ×C ᵃⁱ :C 2│×C 4 ×C ᵃⁱ:│×C 4 ×C ‖
1.2.3.4.│1.2.3 4.│1.2.3 4‖

| COLOMNE DES Accords Dissonans. | COLOMNE DES Signes ou Chiffres. |

COLOMNE DES
Accords Dissonans.

COLOMNE DES
Signes ou Chiffres.

Accords de
- Septiéme . . . . 7.
- Septiéme majeure . . . . ✕7, ou 7.
- Septiéme mineure . . . . ♭7.
- Septiéme Superfluë . . . . ✕7, ou 7, ou ✕$\frac{7}{3}$.
- Septiéme Superfluë avec la Sixte mineure . ✕$\frac{7}{6}$, ou ♭6$\frac{7}{6}$, ou ♭6.
- Septiéme diminuée . . . . ♭♭7, ou 7. ♭$\frac{7}{3}$.

Accords de
- Sixte majeure avec la Tierce mineure et la Quarte, dite, petite Sixte . . . . . ✕6, ou 6, ou $\frac{6}{3}$.
- Sixte majeure avec la Tierce majeure et le Triton . . . . . . ✕6, ou 6, ou $\frac{6}{4}$.
- Sixte mineure avec la Tierce mineure et la Quarte . . . . $\frac{6}{4}$, ou ♭$\frac{6}{4}$.
- Sixte majeure avec la fausse Quinte . . ♭$\frac{6}{3}$, ou $\frac{6}{5}$.
- Sixte Superfluë . . . . ✕6, ou 6.
- Sixte et Quinte . . . . $\frac{6}{5}$.

Accords de
- Quinte Superfluë . . . . ✕5, ou ✕5, ou $\frac{9}{✕5}$.
- Fausse Quinte . . . . ♭5, ou 5, ou $\frac{6}{5}$.

Accords de
- Triton . . . . ✕4, ou 4.
- Triton avec la Tierce mineure . . . ✕$\frac{4}{3}$, ou $\frac{4}{3}$, ou ✕4, ou ♭4.
- Triton avec la Tierce majeure . . . ✕$\frac{4}{3}$, ou $\frac{4}{3}$.
- Quarte, ou Quarte et Quinte . . . . 4, ou $\frac{4}{3}$.
- Quarte avec la Neuvieme . . . . . $\frac{9}{4}$, ou $\frac{9}{4}$.

Accords de
- Seconde . . . . 2.
- Seconde majeure . . . . ✕2, ou 2.
- Seconde mineure . . . . ♭2.
- Seconde Superfluë . . . . ✕2, ou 2.
- Seconde avec la Quinte . . . . . $\frac{5}{2}$, ou $\frac{5}{2}$.

Accords de
- Neuvieme . . . . 9, ou $\frac{9}{3}$, ou $\frac{9}{3}$.
- Neuvieme majeure . . . . ✕9, ou 9.
- Neuvieme mineure . . . . ♭9.
- Septieme et Sixte . . . . $\frac{7}{6}$.
- Septieme et Seconde . . . . . . $\frac{7}{2}$, ou $\frac{7}{2}$.
- Sixte mineure avec la Tierce majeure . . ✕$\frac{6}{3}$, ou ♭6.

accords consonants
- accord parfait . . . . 8 ou 5 ou 3 ou rien
- accord de Sixte 6
- accord de petite quarte . . . . . $\frac{6}{4}$ ou 6